UNITED NATIONS EDUCATIONAL,
SCIENTIFIC AND
CULTURAL ORGANIZATION

CONVENTION CONCERNING
THE PROTECTION OF THE WORLD
CULTURAL AND NATURAL
HERITAGE

The World Heritage Committee
has inscribed

the Ancient City of Ping Yao

on the World Heritage List

Inscription on this List confirms the exceptional
and universal value of a cultural or
natural site which requires protection for the benefit
of all humanity

DATE OF INSCRIPTION
6 December 1997

DIRECTOR-GENERAL
OF UNESCO

联合国教科文组织授予平遥古城的世界文化遗产证书

曹昌智 著

画

说

平遥古城

The Ancient City of Pingyao

In Illustration

山西出版传媒集团
山西经济出版社

图书在版编目（CIP）数据

画说平遥古城 / 曹昌智著. —太原：山西经济出版社，
2010.9（2019.9重印）

ISBN 978-7-80767-267-8

Ⅰ．画… Ⅱ．曹… Ⅲ．古建筑—平遥县—画册
Ⅳ．K928.71-64

中国版本图书馆 CIP 数据核字（2009）第 235900 号

画说平遥古城

著　　者：曹昌智
出 版 人：赵建廷
责任编辑：董利斌
复　　审：田　玫
终　　审：郝建军
主要摄影：曹　瑄　曹昌智
3 D 制作：郭韶娟
版式设计：冀小利
封面设计：赵　浅
责任印制：李　健

出 版 者：山西出版传媒集团·山西经济出版社
地　　址：太原市建设南路 21 号
邮　　编：030012
电　　话：0351-4922133（发行中心）
　　　　　0351-4922085（综合办）
E – mail：sxjjfx@163.com
　　　　　jingjshb@sxskcb.com
网　　址：www.sxjjcb.com
承 印 者：保定市正大印刷有限公司

开　　本：787mm×1092mm　1/16
印　　张：18
字　　数：216 千字
版　　次：2010 年 9 月第 1 版
印　　次：2019 年 9 月第 4 次印刷
书　　号：ISBN 978-7-80767-267-8
定　　价：49.00 元

　　写本关于平遥古城的书，是我十多年前的一个夙愿。那时我还在山西省建设厅副厅长任上，分管着全省城市规划和历史文化名城保护工作，正在苦苦求索保护平遥古城的途径，为申报世界文化遗产四处奔波。当我初识平遥时，就已被这千年古城的别样风采与恢弘气蕴而深深地震撼。

　　虽说我对古城并不陌生，自幼便生活在被祖辈称之为旱码头的河北省获鹿县（今鹿泉市）。城东一马平川，连接着冀中平原，西面则是突兀而起的高山峻岭，翻过几道大山就进入了山西境内。那时，在雄浑拙朴的城墙根下，青石铺就的大街小巷，还有灰砖黛瓦建造的四合院里……到处都留下了我童年的身影。但是，当我走近平遥的瞬间，还是禁不住唏嘘感叹！涌动着一种强烈的写作欲望。因为第一次到平遥古城时，获鹿县城也如其他许多古城一样，在一次次脱胎换骨般的旧城改造中早已变得面目全非，很难再寻觅到历史的踪迹。每念及此，无以名状的惆怅和痛惜就会在我的心头腾起。相比之下，眼前的平遥古城居然保存得如此完整，顿时唤起了我儿时的记忆。

　　古城养育了我，使我对它情有独钟，总想写点什么，以表拳拳赤子之心。后来果真写了散文《古城情》，那是我发表的处女作，不过并非写乡情故土，而是写太原，写另外一座魂牵梦绕的古城。毕竟这里也融入了我太多太多挥之不去的情结：记得在百废待兴的新中国成立之初，春节刚过，父母携儿带女迁居入并。至今我的耳边还时常回响着父亲哼唱的"正月里闹元宵，金匾绣开了"的欢快歌声。从那时起，我们举家落地生根，这座古城便成了我的第二故乡。我从这里步入了上海同济大学，继而又分配到素有白云黄鹤之誉的武汉江城工作，辗转在外，最终还是禁不住思乡之

情，驱使我决心回到阔别十余载的黄土地。返回途中，我归心似箭，思如泉涌，一气呵成《古城情》，刊登在了《晋阳文艺》上，抒发了对太原古城的深沉挚爱、眷念和企盼。后来太原真的越建越好，但也留下了遗憾。令人扼腕痛惜的是，再也见不到历史曾经留给我们的那些完整街巷和建筑风貌。这座英雄古城的绵长文脉在悄然中离我们越来越远……

平遥之所以让我怦然心动，在于她的完美，在于她独善其身。平遥古城拥有众多文物，古迹荟萃。在这里，凡是中国明清时期县城拥有的各类建筑和设施，包括城墙、街巷、民居、商铺、衙署、寺观等等，几乎应有尽有，而且原汁原味，品位上乘。尤其难能可贵的是，迄今古城还保留着中原地区汉民族起居生活的传统形态和民风民俗。不论从哪一种意义上讲，平遥都是一座真正的古城，是我国古代县城活的标本，作为明清时期汉民族城市的杰出范例，向世人展现了中国古城的所有特征。

1992年我第一次来到平遥，就沉浸在中华民族的魂灵里，很想透过这座古城，写一点我国传统的建筑文化。那一年，在全国解放思想的大潮中，我给新到任的省长写信，提出深陷保护与发展两难境地的平遥古城应当另辟蹊径，把文化遗产保护与经济社会发展结合起来。我的建言为平遥摆脱困境、有效保护古城、带动晋中地区的经济发展，创新了思路，也为倡议平遥古城申报世界文化遗产拉开了序幕。

以后去平遥考察的次数多了，写作的心情愈加迫切。在一次陪同中国科学院和中国工程院两院院士、全国历史文化名城保护专家委员会主任委员、原建设部副部长周干峙实地考察时，他对平遥古城评价极高，说仅平遥古城的建筑文化就可以写本书，而且鼓励我写，说得很认真。无奈那时行政事务繁忙，我身不由己，实在无法静下心来专注写作。好在那几年我组织筹划平遥古城保护和申报世界文化遗产，做了比较深入的研究和大量笔记，积累了丰富翔实的资料，并有幸得到周干峙、郑孝燮、罗哲文等学术界大师们的垂爱与指教，对古城深邃的历史文化有了更深的感悟。

平遥"申遗"前，很少有人关注它，甚至上上下下谁都不愿去平遥，所以关于平遥古城的书和文章真是凤毛麟角，几乎找不到，这座黄土高坡上的古城也始终鲜为人知。然而，就在"申遗"成功之后，评介古城的各种书籍很快问世，有如花开遍地，令人目不暇接。这对弘扬我国传统历史文化，保护世界文化遗产，发展文化遗产旅游，无疑都是很大的促进，也让我感到十分欣慰，同时总有一种按捺不住的写作冲动。

2007年12月3日是平遥古城申报世界文化遗产成功十周年的纪念日。我提前两三年便开始准备，打算写一部《幸存的古城》，是以纪念。不料在我主持《大同历史文化名城保护与发展战略规划研究》时，因为过度劳累突患心梗，幸亏山西医科大学第一附属医院干部保健科主任李茹香、心内科主任吕吉元、副主任医师习玲和医护人员们全力抢救，才转危为安。于是放慢了工作节奏，但并未放弃写作。其间始终得到精心治疗和指导，为我提供了可靠的健康保障。

2007年5月平遥县委书记李定武找到我，商议举办纪念平遥"申遗"成功十周年的筹备细节，得知我在写书，期待赶在庆典活动前与读者见面。那时我的构思是将全书内容分成三篇，分别写"解读古城意蕴"、"解说百年沉浮"、"解密申遗文档"，以下再分十三章。书稿写成后共约40余万字，由于时间太紧，结果来不及如期出版。

后来女儿曹玮带着我的书稿联系了北京、上海和山西的多家出版社，在反复比较斟酌后，还是把目光投向了山西经济出版社，感觉这家出版社在弘扬和传承山西历史文化遗产上，有着异乎寻常的热情，业绩颇斐。并且无论对这类选题的把握，还是对作品表现风格的创新，都值得读者称道，已经出版发行了许多畅销书。而我的书稿似乎更合适这样一种需要。曹玮还主张将书稿改为两本效果更好，一本写平遥古城价值，另一本写平遥古城命运，根据切入点不同，前者的写作风格轻松舒缓，后者则凝重严肃，可以采取不同处理手法。最后我决心对原来的书稿做一次大的改动。于是在山西经济出版社董利斌的指点下，首先将多年来的深切感悟和研究所得整理出来，加进了大量彩色照片、3D图和示意图，使书稿图文并茂，深入浅出，以《画说平遥古城》出版发行；接着再将平遥古城百年衰荣沉浮的命运另稿出版，仍然使用最初拟定的《幸存的古城》书名。

中国古城与外国城堡迥然不同，从功能到形制、形态，均可独领风骚。它们在存续形态上表现为纷繁复杂的空间综合体，而在存续功能上却承载着浓缩了的人类社会，是人类生存、生活、发展的大舞台。因而中国古城文化本身就是一门专业性很强的大学问，有专门的研究机构、学术团体和专门的学术著作。

我写《画说平遥古城》，旨在面向更大范围的受众，传播中国的古城文化。尽管如此，我还是力求书稿兼具学术性、知识性和可读性，雅俗共赏，以便向世人揭示出平遥古城，乃至中国古城最真实的一面。

《画说平遥古城》不同于学术专著，也有别于旅游类图书。我在写作中尽量注意把握两点：

一是评介世界文化遗产，既要讲其形态特征，也要讲其文化内涵，做到言之有据，形神兼备，让读者不仅知其然，而且知其所以然。即使用之导游也不例外，可以避免简单介绍文物古迹和旅游景点，而很少述及古城珍贵价值及其文化精髓的缺陷。俗话说观景不如听景。其实观景就是观察景物的外在形态，听景则是欣赏与品味其内在的文化内涵。对于广大旅游者来说，只有在观光游览景物的同时，知其丰厚的文化意蕴，才能感悟其魅力，真正获得最佳观赏效果和旅游愉悦，对旅游地留下深刻的印象。

二是以小见大，立意高远，触类旁通，以期获得举一反三的成效。既然平遥古城是明清时期汉民族城市的杰出范例，那么对于它的解读如同解剖麻雀，不仅可以讲清鲜明的地域文化特色，而且也可以述及它所具有的中国古城的共同特征，何不将普遍性和唯一性有机地融为一体，让读者通过平遥古城，去了解更多中国古城文化的知识呢？

总之，古城文化承载着中华民族几千年的文明史。我希望笔下的平遥古城形神更加丰满，更能展现华夏儿女所创建的中国古城对于世界文明作出的贡献，从而透过平遥古城的实地考察或旅游鉴赏，令人真切感受到这一世界瑰宝的珍贵价值所在。

这部书稿的酝酿和写作得到了很多人的热心鼓励和支持。书稿在酝酿构思、筛选素材、查阅资料、翻译文献、绘制图纸、摄制图片和文字整理加工诸多方面，平遥县委、县政府给了我大力支持。县委书记李定武，规划局局长冀太平、副局长李裕，建设局宋全飞，古建筑公司总工王国和，晋中日报社总编郭书民等，满腔热情地为我提供了各种帮助。尤其令我感动的是，平遥县建设局办公室主任段若圣几年如一日，为了配合我实地拍摄和收集素材，竭诚协作，帮我化解了许多困难。山西经济出版社社长兼总编辑赵建廷、副总编辑郝建军和编辑部主任董利斌还在书稿

写作、编辑、出版等方面给了我很好的指导意见。

《画说平遥古城》中的图片主要由曹瑄和我拍摄，另有平遥古城风貌 1 幅为朱海虎拍摄，古城南大街及两侧民居建筑 1 幅为平遥县政府供稿，日升昌汇票与会券 2 幅为平遥县中国票号博物馆提供，晋剧剧照和民间社火图片为晋中日报社提供。书中 3D 图均由郭韶娟制作。如今书稿即将付梓，我谨向所有热诚鼓励、支持、帮助过我的人一并致以衷心的感谢！

在这里我还要特别感谢我的妻子王玉梅。她是我大学时的同学，与我志同道合，相濡以沫。她最理解我为平遥所作的努力和付出，每到关键时刻，总是不顾个人和家庭，全力支持平遥古城保护和申报世界文化遗产。在我大病缠身的日子里，倾心呵护，帮我尽快脱离危险，恢复健康，并努力创造条件，协助我完成了包括《画说平遥古城》在内的几部书稿的写作。所以当山西省人民政府授予我"平遥古城申报世界文化遗产功臣"的光荣称号时，我首先想到了她。

为了写好这本书，我已尽心竭力，但毕竟水平所限，书稿中错误和不当之处在所难免。诚望广大读者不吝赐教，给予斧正。

曹昌智

2010 年 6 月 于太原建设公寓

第一章

现存唯一完整的古代县城原型

这是一座幸存的古城，一座迄今世界上唯一完整保存下来的中国古代县城的原型。在这里，由四隅围合的高大城墙，纵横交织的阡陌街巷，灰砖黛瓦的民居宅院，鳞次栉比的商肆店铺，布局严谨的县衙官署，雕梁画栋的道观、寺庙、市楼，组成了规模庞大的建筑群，起伏跌宕，气势恢宏，把中国明清时期的古城风貌和起居形态真实完整地展现在世人面前，成为弥足珍贵的中国古城的活标本。

在有着几千年文明历史的中国，究竟建造过多少像平遥这样的古城，现在人们已经很难说清。对于那些久负盛名的古代城市，例如古都洛阳、西安、开封、杭州、南京和北京，以及扬州、苏州、徐州、武汉、成都等等，人们大都耳熟能详。然而，对于平遥这座地处黄土高坡上的弹丸小城，却鲜为人知。人们想象不出，半个多世纪以来，当一批批中国古城在一次次急风暴雨般的旧城改造中相继变得支离破碎、面目全非时，缘何唯有平遥古城能够奇迹般地幸存下来，而且古城的形态和风貌保存得竟是如此完整。人们甚至百思不解：这座名不见经传的小城何以能在一夜之间加冕世界文化遗产的桂冠，成为举世瞩目的耀眼金星？

也许我们只有走进这座幸存的古城，在对它的亲身观察和感受中，才能更加透彻地破解古城之谜，才能循着它的生命轨迹，了解平遥古城乃至所有中国历史名城的过去、现在和未来。

一、择陶唐故地西周尹公始建城垣

　　平遥古城位于山西省中部，坐落在晋中盆地南缘。古县志云："西通秦陇，北达燕京"，道出了这座古城地理形势的紧要。它的北面与广袤的汾河平川毗连，南面和层峦叠嶂的太岳峻岭相望，东、西两侧更有太行山脉、吕梁山脉夹峙。自古以来这里就是扼守东、西两地山区的交通要冲和衔接幽燕各州与古都长安的通衢咽喉，成为天然禀赋的商品集散地，同时也为兵家所争，战事连年不断。

　　从平遥东南山地发源，流经县城的有两条河，一条是自南向北流过的惠济河，另一条是由东往西流淌的中都河，也就是现在的柳根河。两河在这里交汇以后注入汾河，在这一带形成了开阔的冲积扇，带来了丰沛的水源和肥沃的土壤。平遥古城就坐落在冲积扇的尾部。

　　优越的自然地理条件使平遥早在上古时代就已成为陶（táo）唐故地。据明成化年间的《山西通志》记载："平遥县，古陶地，帝尧初封于陶，即此。"到了舜、禹时，这里属于并州。大禹治水以后改属冀州。西周时期又成为并州的属地。春秋时归属了晋国。战国开始归赵所辖。秦汉置县，因帝尧最初封在古陶，称作陶唐氏，于是把这里定为平陶，隶属于太原郡。在这以后，平陶的归属几度变迁，三国时属于晋，西晋时又属太原国。到了北魏始光元年（公元424年），因魏太武帝拓跋焘（tāo）的"焘"字和平陶县的"陶"字读音相同，为了避讳把"平陶县"误作"平焘县"，从此才改陶为遥，有了平遥的县名。自唐代以后，历经五代、辽、宋、金、元、明、清各朝，平遥县虽然在行政区划上屡经沿革，或归并州，或归西河，或归汾州，但是它的县名却再也没有改变，一直沿用到了今天。

从历史上平遥行政区划的频繁调整变化，不难看出平遥古城地处并、汾二州接壤的边缘区位，并与山西南部和东南部地区，也就是晋南、晋东南毗连，注定在商品贸易中具有特殊的条件和优势。

平遥古城的历史源远流长，给后人留下了大批古老文明的遗址、遗迹和古墓葬。在这里，仅上古时代的遗址就多达十几处。它们按照15公里到18公里的半径，

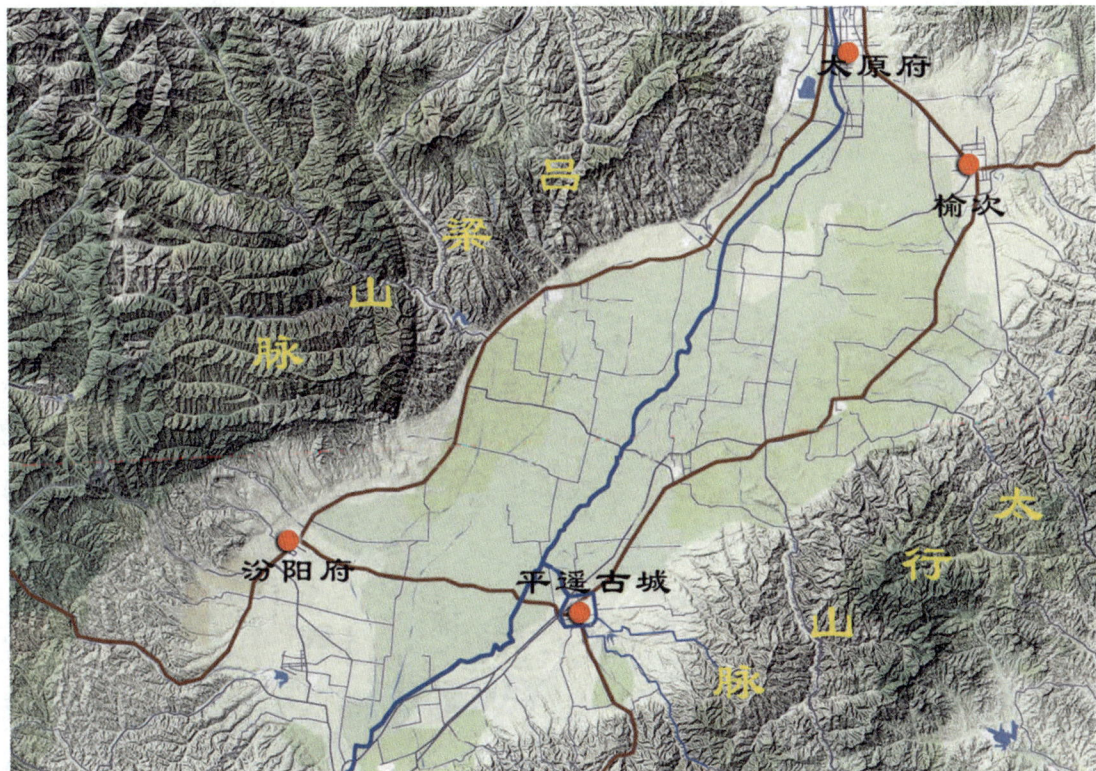

明清时期平遥古城交通区位与地形图

从北向南呈扇状分布在古城的婴溪村、北依涧村、罗鸣村、东泉村、希尧村、梁坡底村、东侯壁村、北堡村、卜宜村、旭庄村和段村等村庄聚落。其中不少属于仰韶文化、龙山文化和商周文化的遗址。正是这些深藏在平遥地下的宝贵遗产，见证了古城历史文脉的邈远，使这座千年古城的文化遗产变得如此深广厚重。

　　平遥古城最早建在哪个年代，史书没有确切记载。仅在清光绪八年（公元1882年）纂修的《平遥县志》里有过这样的记述：平遥"旧城狭小，东西二面俱低，周宣王时，尹吉甫北伐猃狁（Xiǎnyǔn），驻兵于此，筑西北二面"。这里所说尹吉甫

平遥古城复原图

受命伐猃狁的事，发生在西周宣王五年，也就是公元前823年。如此算来，平遥古城始建至今，少说也有2800多年的历史。现存明嘉靖十三年（公元1534年）《重修周卿尹吉甫庙记》碑和清康熙年间所纂修的《平遥县志》，以及平遥城内的尹公庙和上东门外的尹公墓，似乎都印证了这位西周名臣最早创建了平遥古城的说法。那么历史上果真有此事吗？史学界却有着不同的认识。

关于西周宣王授命尹吉甫率兵驱逐猃狁的史料记载最初来自《诗经》。《诗·小雅·六月》详细地记述了猃狁入侵周王朝和尹吉甫北伐猃狁胜利凯旋的全过程。西

平遥古城风貌

周定都镐（hào）京（今陕西省长安县西南），经常受到活跃在镐京北部的一支叫做"西戎"的山地民的南下袭扰，威胁周王朝的安宁。这支山地民也就是《诗经》里所称的猃狁。西周宣王五年，猃狁再次南下进犯镐京，威逼了镐京以北的泾阳（今陕西省泾阳县）。于是宣王命令官拜为"尹"的大臣吉甫，让他率兵大举北伐。诗

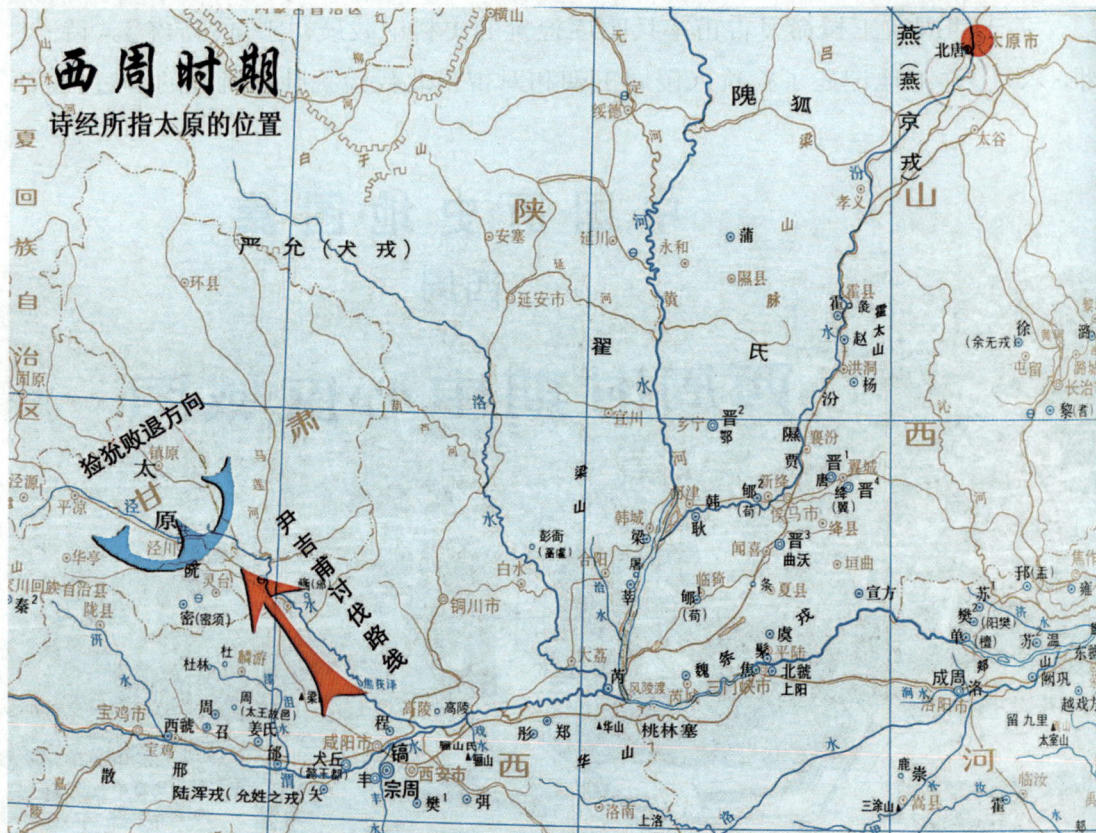

尹吉甫薄伐猃狁方位示意图

中所写猃狁"侵镐及方，至于泾阳"，而尹吉甫率领将士一鼓作气"薄伐猃狁，至于太原"，描述的就是这段历史。在西周宣王时期，吉甫担任的官职称做"尹"，是周王朝两大中央官署之一太史寮（liáo）的首席长官，掌管着册命、制禄、图籍、记录历史、祭祀、占卜、礼制、时令、天文、历法、耕作等事务，和统领卿事寮的太师同秉国政，地位十分显赫。尹吉甫能文能武，堪当大任，因此深得宣王器重，受命出征。不过尹吉甫"薄伐猃狁"到达的太原，并非今日之山西太原。经古今历史学家考证，那时的太原指泾水一带的古太原，其实是在今甘肃省平凉县以北和环县以南的地带，位于西周都城镐京的西北方向。也有学者疑似那时的太原就在今山西临汾一带。既然西周宣王时期猃狁活动的地域在镐京的西北方，那么尹吉甫怎么可能率兵径直朝着镐京的东北方向追杀，并且一直将猃狁追到后来改称为太原的晋阳，而在那里筑城呢？须知如今的太原作为地名使用最早始于秦汉。秦庄襄王二年（公元前248年），秦将蒙骜（áo）攻克晋阳，按照秦国郡县制，"初置太原郡"，这时距《诗经》记载的年代已经过去了将近600年。况且直到北魏时平陶县的治所还在汾河西岸的今文水县西南，改称平遥县以后才将县治迁到了汾河以东。即使尹吉甫筑城，也该在河西平陶县的故址，又何以建在河东平遥县的治所，而且还在明清时期修筑的城墙上留有一座点将台呢？至于尹吉甫北伐猃狁追杀至太原，曾驻兵于平遥的传说，也主要是根据明清时期的《重修周卿尹吉甫庙记》碑和《平遥县志》。会不会由于某种原因，来自明清时期的一种假说，致使人们未加考证，于是宁可信其有，不可信其无，以讹传讹，误认为《诗经》里关于北伐猃狁"至于太原"的这段历史就发生在后来的太原一带，也把尹吉甫点将台演义到了平遥古城呢？时至今日，这仍旧是一个悬而未解的谜团。

　　姑且按照尹吉甫建平遥城的说法，当时因为军事上屯兵驻防需要而构筑的城

池，充其量也不过是一座围有堡墙的军事据点而已，还算不上真正意义上的古城。在中国，真正的古城是指那些具有政治、军事、经济、文化和起居生活形态的多种职能的城市，是一个社会的缩影。这些古城通常不仅用于军事防御，而且还是中央和各级地方政权机构的所在。

西周时期的古城叫做城邑（yì），纳入周王朝统一的行政区划。那是一个以宗法制度为特征的等级森严的社会。各个诸侯国均由周天子封地、封侯而来。周天子把从弱小方国征服来的土地和奴隶，分封给自己的同姓宗族和异性贵族，令其建立诸侯国。故而每封一国必先营建诸侯的都城，于是营城也就变成了营国，还专门规定了营国制度。根据西周时期的营国制度，城邑的设立按照尊卑有序的礼制规范划分为王城、都城、邑城三等：天子所在的城邑称做王城，诸侯封国所在的城邑叫做都城，而卿大夫受封营造的城邑则称之为邑城。

尹吉甫是西周宣王的大臣，并非诸侯，也非公卿，所以由他高筑城台修建起来的城池自然也就不在西周行政区划的城邑之列。但是倘若西周时期这里已经建有早期的军事堡城，那么作为古城的雏形，似乎也能为平遥日后的发展奠定基础。至于西周尹公始建城垣之说的真伪，还有待于考古发掘的实物佐证。

实际上，有据可查的文献显示，平遥古城作为县治驻地，是秦始皇在中国统一实行郡县制以后的事。人们现在看到的平遥县城，则是明代在旧城基础上扩建而成的古城。虽然经过明清两代26次修葺，但是城池的形制和街道的格局基本上没有发生变化。城内的商铺沿街林立，民居遍布，只是除了庙宇之外，再也看不到清代以前的建筑物。这些民居和商铺大部分建于清代，也有少量建在民国初期。整座古城由城墙、庙宇、衙署、商铺和民居组成了气势恢宏的古代建筑群，充分展示了中国明清时期中原地区县城的历史风貌。

虽然事实如此，但是毕竟《平遥县志》有过记载，又以《重修周卿尹吉甫庙记》碑、尹公庙和尹公墓为佐证，因而西周尹公始建城垣之说广为流传，还是让许多人相信这座古城的始建年代已有2800多年，加之尹吉甫北伐猃狁的故事，更为这座古城平添了传奇色彩。

一座古城拥有的历史文脉延续2800多年，直到现在依旧保留着县城的建制，已是吉光片羽，弥足珍贵。况且，古城形态及风貌竟又如此完整，始终保持着它的原真性，实属罕见。有鉴于此，平遥古城作为中国古代县城的原型和活的标本，也是中国现存唯一完整的体现汉族文化的历史城市，被联合国教科文组织列入了《世界遗产名录》，受到《世界文化与自然遗产公约》的保护。

二、守传统礼制营城取形辨方正位

解读中国古城，常常用到形制和形态这两个文化内涵完全不同的概念。形制，在中国的词汇里属于专业术语，专指器物的形状制作，用于古城和建筑物，则指它的形状结构。而形态所指的是古城和建筑物的形式与风貌特征。形制与形态的概念看似相近，其实有着很大的区别，前者是指古城形状的内质构成，后者是指古城形状的外在表现。

中国的古城形制，从城池的取形、规划的方位、规模的大小、城门的设置、城外的状态，以及城内的建筑布局等等，都有严格的礼制规范要求。关于平遥古城的形制，在《平遥县志》里仅有图形，没有详细的文字记载。在近年来新修的《平遥县志》、《平遥古城志》和编写的小册子中，根据这座古城的形状，沿袭古代方

志中引用的民间流传，把它称之为"龟城"。每当旅游观光者纷至沓来，导游介绍也如是说。由于媒体报道过我是平遥古城申报世界文化遗产的主要筹划者和组织者，对于平遥古城的历史文化有过深入的研究发掘，故而在平遥古城申报世界文化遗产成功之后，一位居住在江苏常州的中国龟文化研究者写信给我，特意询问这座龟城的由来，可见龟城传说影响之大。那么，平遥古城真是一座龟城吗？

如果俯瞰这座古城，尤其是看到这座古城的图形，的确会发现整座城池颇似一只向南爬行的乌龟。古城的形态虽然也取作方形，但是南面的城墙弯弯曲曲，加

平遥古城风貌

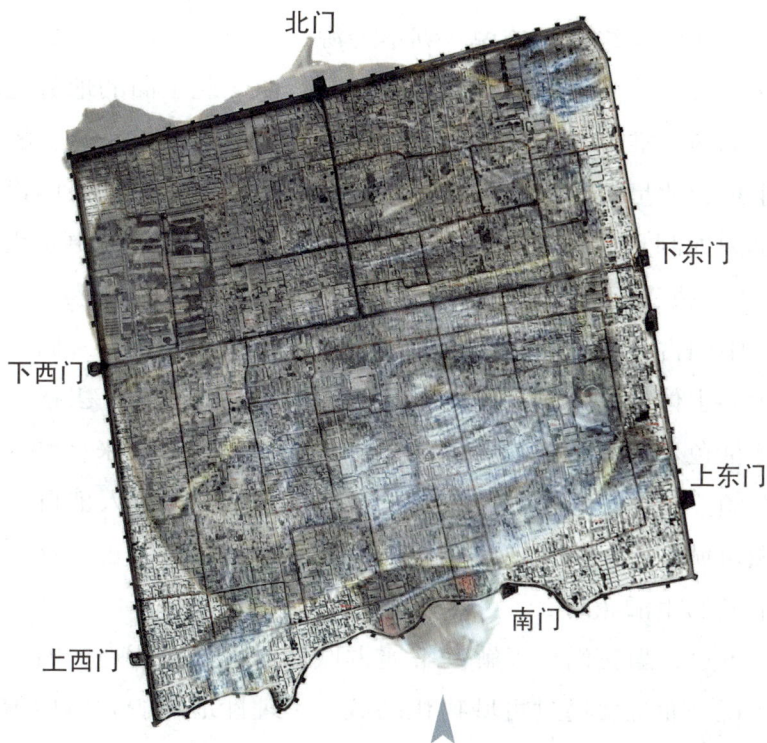

北门

下东门

下西门

上东门

南门

上西门

平遥古城形似乌龟

上大街小巷纵横交织，似乎是龟背上的花纹，很容易使人产生龟形的联想。平遥在城门设置上也有别于其他古城。中国古城的四面城墙一般各设一门或各设二门。平遥古城却在它的南、北城墙上各开设一座城门，而在东、西城墙上各设两座城门，六座城门和瓮城如同乌龟的头、尾和四足。而且南门内外的城门与瓮城门相互直通，门外两侧还掘有两口水井，很像乌龟头上探伸出的两只眼睛。北门内外的城门与瓮城门却并不直接相对，瓮城的城门弯向东侧，宛如龟尾东甩。于是便有了"龟前戏水，山水朝阳，城之攸建，依此为胜"之说。

然而传说终归是传说。溯本寻源，平遥古城所以建成这种形状，其实和选址直接有关。修建城池时，因为古城东、西、北三面的地势比较平缓，所以城墙均顺直而筑。唯有古城的南城墙紧临中都河营建，随着起伏的地势和蜿蜒西去的河道水形，才呈现出了四折五波的弯曲走向。至于说到城门设置的数量与位置，也只是因地制宜而已。方格网状的街巷与六边形的龟纹更是大相径庭。然而不管怎样，"龟城"一说之所以绵延至今，自有它存在的道理。

中国古代形成的思维方式具有直觉体悟的特征，人们对于周围事物的认识惯于用心去体验和感悟，借助直觉产生的丰富想象力，去描述事物的内在特质，赋予感情色彩浓厚的意蕴。而在传统文化中，古人历来将麟、凤、龟、龙奉为"四灵"。龟，即寿。它寓意着生命的延续和永恒。平遥人把自己赖以安身立命的古城叫做龟城，世世代代口耳相传，乐此不疲，寄托的正是这样一种对人生长久、岁岁平安的生活企盼。

不过，当我们今天解读平遥古城这一世界文化遗产时，却不能感性地倚重民间传说，而是要透过古城物化的载体，理性地解析它所传承的历史文化信息，读懂它的本质特征和文化内涵。

若论中国古代开始建造城池的年代，实在是非常邈远。大约经过5000多年的沿革发展，历朝历代在政权的轮番更迭中，曾经建造过大大小小的王城、都城、皇城、府城、州城和县城，数量至少也有四五千座。这些遍布全国各地的古城虽然规模不同，形态各异，但却毫无例外都有一个共同特征，就是依"礼"建造，体现了中国古代的儒家礼治思想和以礼为序的社会规范。

儒家倡导的礼治思想，是把"礼"作为区别等级，维系人伦的标准，强调以"礼"为本，治国施政。它的内容包括了借以体现礼治思想的一整套礼制、礼仪、礼器、礼乐、礼教、礼学等等，其核心归结到一点，就是尊君抑臣，主张尊卑、贵贱、亲疏有序，凡事都要讲究仪礼，循规蹈矩。通过灌输儒家的礼治思想，达到以礼为序、规范社会、维护稳定、巩固统治的目的。正如《礼记》中所说："凡治人之道，莫急于礼。"这种礼治思想几乎覆盖了整个封建社会，渗透到了生活的方方面面，以至到了"非礼勿视，非礼勿听，非礼勿言，非礼勿动"的境地（《论语·颜渊》）。《仪礼》、《周礼》和《礼记》的相继问世，表明"礼"作为一种制度已经相当完善，成为人们必须恪守的社会准则，代代传承，极其深刻地影响了中国思想文化几千年，贯穿在整个中国古代社会。其中《周礼·考工记》一书不仅为后人留下一份重要的建城资料，而且成为后人按照礼制规范建造城池的基本原则。平遥古城的形制便是完整保存下来的一个典型范例。它的建造同大多数古城一样，突出了以"礼"为本的思想，严格遵循了礼制规范，讲求方正、对称、中轴、主次和等级关系的城市布局形制。

古人建城，从来都是取法天象，讲究天圆地方、天地人和。故而古代城池的规划布局，绝大部分取作方形，坐北面南，基本都遵循了《周礼·考工记》中周王城标准和古制。其中所述"匠人营国，方九里"，说明当时由工匠建造的周王城是一座由九里见方的四周城墙围合起来的城池，按照今天的度量，每边城墙长约4.5公里。这种方形城池形制的产生来源于周人井田制的理念。

所谓"井田"，就是把土地划分成许多长、宽各百步的方块田，交给农夫耕种。一田的面积，大约一百亩，相当于一个农夫耕种的土地，故而一亩又叫做"一夫"。周人采取九块方田组合的办法，于是田间纵横交错的阡陌便形成了"井"字，称之"九夫为井"，井田制也由此而来。周人通过井田制耕作发展农业的做法取得了显著成就，于是把它扩大运用到"营国（城）"，由此创造出了以井田制建造城邑

的方法，按照"市朝一夫"的用地面积计算和"九夫为井"的结构形式"九分其国"，规划为九个面积相等的部分作为建设用地。将井田南北向的"阡"与东西向的"陌"转化为"经涂"（街道），而将用来划分与围合井田边界的道路演化成了深沟高垒的城池。这种城邑用地规划制度的好处，是便于功能分区和行政管理，更有利于合理利用土地，表现出高超的规划理念和规划水平，与当时西方国家城市规划的成就相映生辉。对于长期处于农业社会的中国来说，显然方形城制是最佳选择。从此，周王城的城池形制流传下来，一直为后世历代所继承。如此说来，中国古代城池的形状以方形居多也就不足为奇。

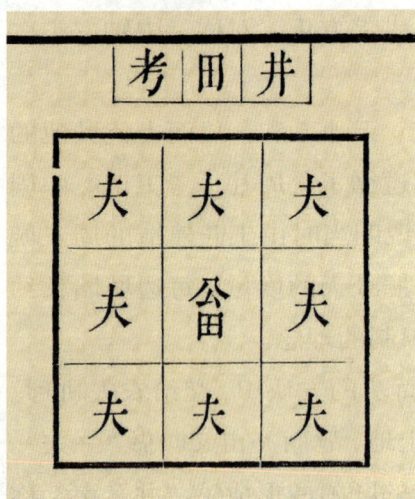

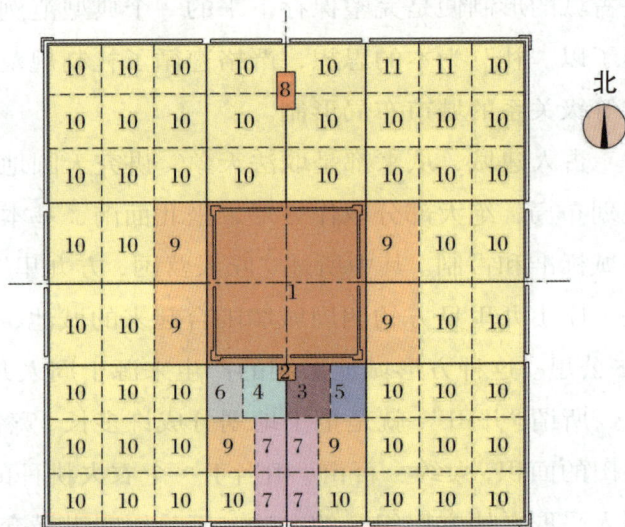

（明）徐光启《农政全书》之"井田考"

北

1- 宫城；2- 外朝；3- 宗庙；4- 社稷；5- 府库；
6- 厩；　7- 官署；8- 市；　9- 国宅；10- 闾；11- 仓廪

古代方城形制来自周人井田制理念

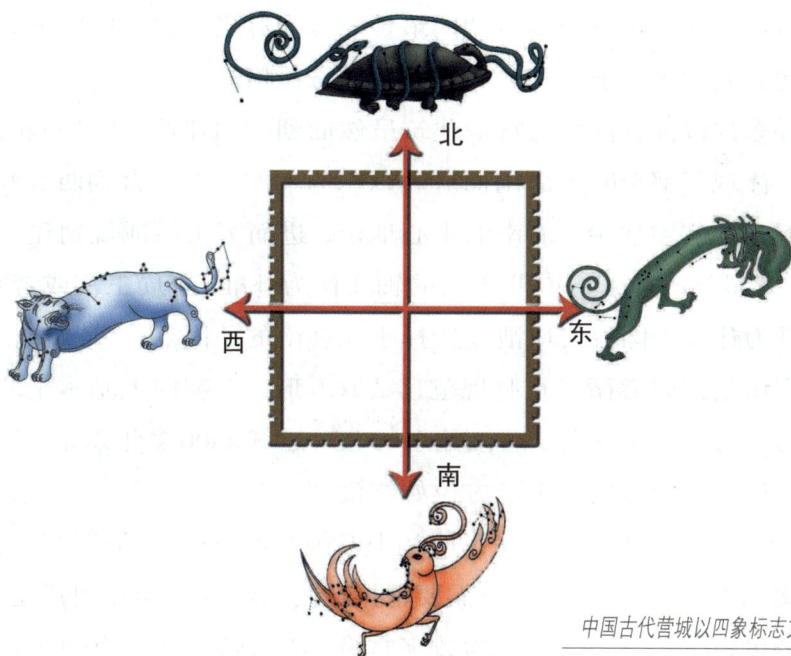

北

西　　　东

南

中国古代营城以四象标志方位

　　《周礼》对于建造城池的方位要求也很明确，认为必须"辨方正位，体国经野"，也就是要确定城池的方位，规划古城的城区和郊区。在统治者看来，方位的偏与正，是治国安邦的大事。只有找准和端正了方位，前后左右的次序才能够定下来，达到"以礼治国"，天下太平。而方位的确定又受礼制规范的支配，并且融入了古代"天人合一"思想，把天地概括为东、西、南、北、中"五方"，四个方向分别用"四象"，也就是四种古代灵兽作为标志符号，以青龙标志东方，白虎标志西方，朱雀标志南方，玄武标志北方。认为王者在"五方"天地空间里，唯有择中而立宫，才象征一统天下；在"四象"之中以玄武所对应的北斗七星为准，才可辨方

正位，而且面南而立阳气最盛，朝向最佳，最为尊贵。古城以面南为尊，便形成了"左青龙、右白虎、前朱雀、后玄武"的方位格局。

在秦和东汉以前，古城与宫殿建筑虽然面朝南向建造，但是城的中轴线却是东西方向，体现了那个时代面南而尊和以东为上的理念。直到西汉开始，为了在建设古城时强化宫室居中、面南的中心地位，进而突出城池规划建设要按照南北轴线发展，才最终改成了以南北走向的轴线作为基准，布局王宫或者官廨（xiè）衙署。这就是为什么中国古代城池多选择坐北朝南的原因。

平遥古城的修建遵循了礼制规范，城取方形，在朝向上基本坐北面南，只不过结合山形地势和日照条件，略微偏东15度。建城2800多年以来，虽经历朝历代的修葺和扩建，但古城的取形、方位始终没变。

平遥古城修建的规模也恪守了周礼中营国制度所确定的严格的等级标准。在中国传统文化里，古代城池的大小需要根据城的政治等级和礼制营建制度而定。城池与建筑的度量采用奇数，以九为数字之极。唯有帝王才享有使用这个极致数字的特殊权力。王城是天子的宫城，级别最高，规模定为方九里，以示至尊。其他任何城池都不准逾越。都城是诸侯所在，级别次之，规模减为方七里。卿大夫所治邑城的级别又次之，规模相应减为方五里。依此类推，其余各城规模均按等第依次递减。平遥古城属于县治，城池的大小按照礼制规范自然当在方三里。而现今保存下来的古城墙每边的长度恰恰与礼制规范完全吻合。经过实测，东、西、北三面城墙都比较顺直，长度几乎都接近1.5公里，其中东墙1478.48米，西墙1494.35米，北墙1476.05米；南墙随柳根河（原中都河）逶迤弯曲，总长度为1713.8米，但是东西两端直线距离也不过1500米。据史料记载，平遥古城在明洪武三年（公元1370年）经过一次较大的扩建重筑，才拥有了如今2.25平方公里的规模。在此

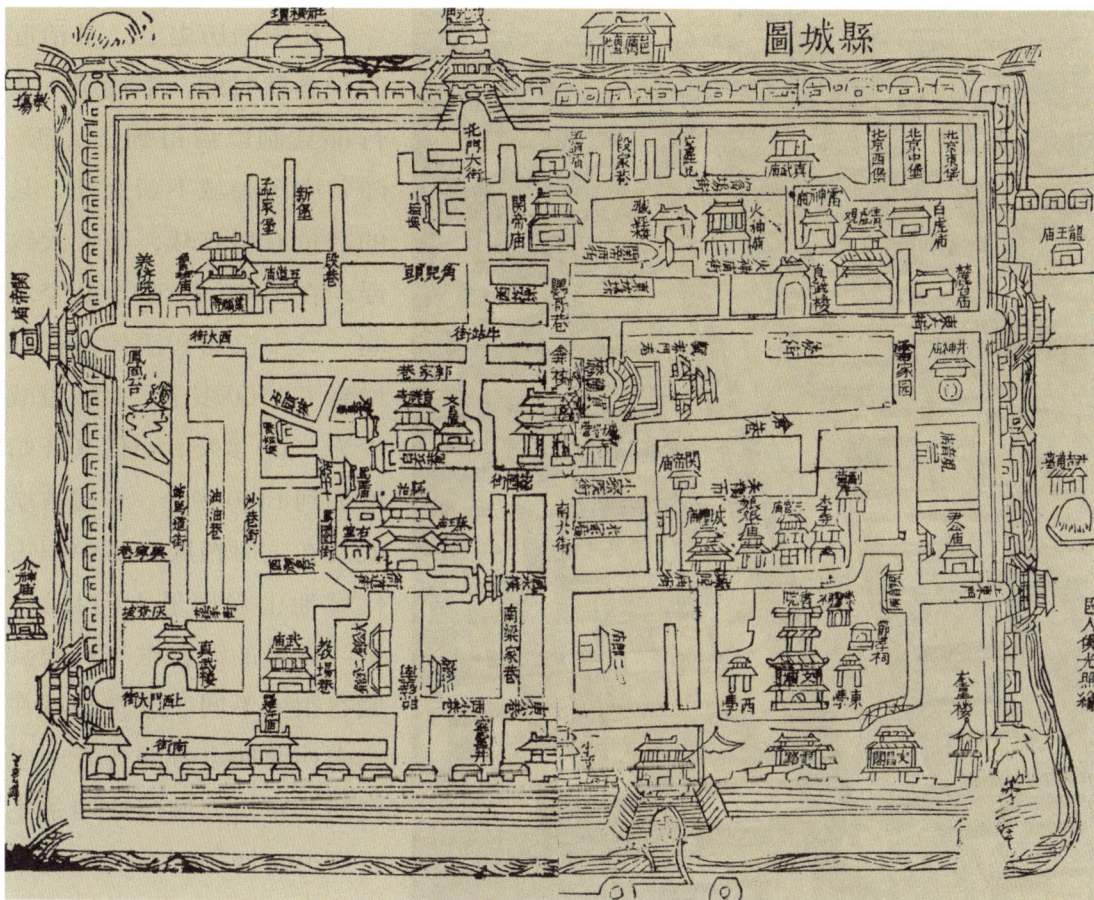

清光绪八年（公元1882年）平遥县城池图

之前的平遥旧城规模比现在小得多，今城内的沙巷街以西和北门窑场街一带曾经都在城外。由此可见，平遥古城到了明代规划建设时，的确严格恪守了县城古制规定的三里见方的规模。

在中国历史上，县治起源于春秋时期，秦代统一实行郡县制以后得到了完善。随着中国疆域不断变迁，县的数量有增有减，历代大致浮动在 1000 个到 1500 个之间。其中汉唐和清代都曾猛增到了 1500 多个。北宋时减少为 1200 多个，明代又开始增加到 1400 多个。平遥古城就是在这时拓展成了中国古代城池中规模最大的县城。城门数量的设置也与一般县城有很大不同。通常县城在东南西北四个方向各开一座城门，正对着城门建四条主要街道。四条街在城内呈十字形交汇，习惯上叫做十字

古城南大街及两侧民居建筑

街。但平遥古城则不然。因为自古就是商品集散地，运载货物进出古城的商家车辆非常频繁，到了清代更以平遥帮形成了晋商之旅，城内商贾辐辏，市井繁华，兴起了大宗货物的批发、运销和中转业务，各种商品源源不断地运进古城，又接连发往外埠，每日车水马龙。平遥古城正是由于适应大量交通的需要，除了城内四条主要街道以外，在与东大街和西大街平行的南侧，还分别建了城隍街和衙门街。六条街道直通城外，于是有六座城门，在古城的东、南、西、北和东南、西南、东北、西北方向分别连接着8条对外通道，通往境外。

据清光绪八年（公元1882年）的县志记载，平遥古城南北各设一座城门：南门通向山西东南部的上党地区，距沁源县界65里，距沁源县城220里；北门则通往山西西南部的吕梁地区，距文水县界不过25里，距文水县城80里。按照今天1公里等于2里换算，离平遥最近的文水县，也不过12.5公里之远。平遥古城在

城门下车辙深陷的沧桑古道

东西各设两座城门：以南向为上，形成了上东门、下东门和上西门、下西门。上东门通向东南上党，至武乡县界60里，至武乡县城200里，至潞安府（今长治市）380里；下东门则面对着东和东北两条道路，一条通祁县的盘陀镇，另一条是过境驿道，至祁县、徐沟与太原府，距离太原仅190里；上西门至介休地界30里，距县城80里；下西门外也有两条路，分别通吕梁地区的孝义、汾州和当时的岢岚州。这样因应四通八达的对外交通设置六道城门，可谓中国古代县级城池形制少有的实例。人们仅从这里也可以看出，平遥古城坐拥商品集散的区位优势，不愧是名副其实的旱码头。

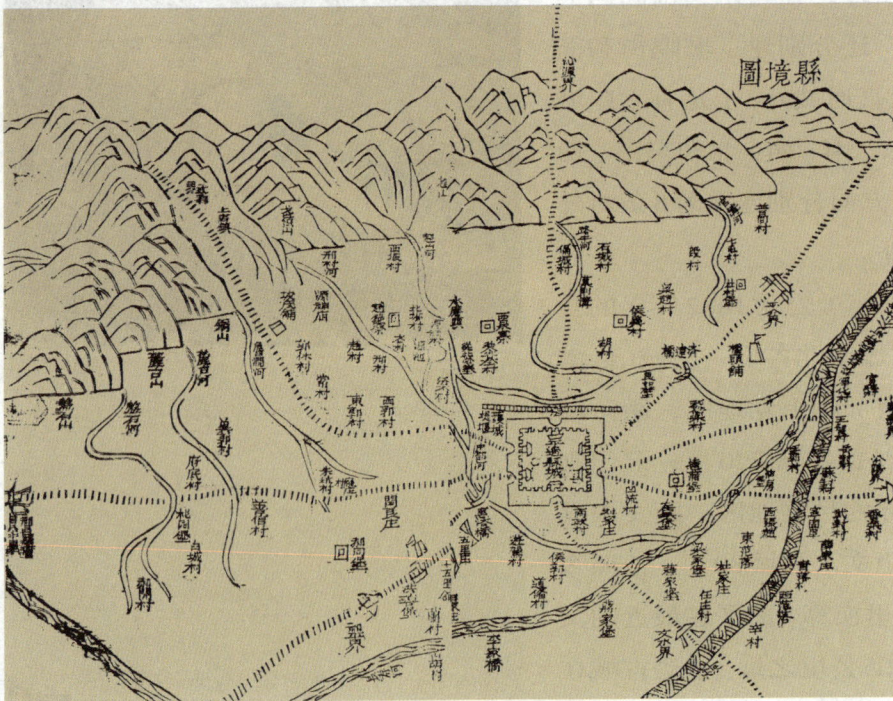

清光绪八年（公元1882年）
平遥县境图（古县志地形
方位为上南下北）

三、循皇权礼序城市布局中轴对称

现在人们看到的平遥古城，是明清时期的县城，作为一个浓缩的社会，城内的各类建筑都具备鲜明的政治属性，在城市空间的总体布局上，必然贯穿着儒家维护皇权一统天下的礼治思想，恪守着严格的尊卑等级秩序，同时又巧妙地融入了包括佛教和道教在内的崇祀文化。

中国古城的空间布局讲究中轴对称，严谨规整，否则就体现不出皇权的威严。于是首先要在城池东西城墙之间择中确定一条贯穿南北走向的街道，将这条街道作为整座古城的中轴线，使它成为对古城内所有建筑进行总体安排布局的准绳。城的中轴线看不见，摸不着，却支配着人们的意念。它的作用犹如人的脊梁。只有通过脊梁支撑和中枢神经传导，才能统揽按照生理机能和分布秩序排列着的五脏六腑。对于古城来说，城池以内的所有建筑也都必须以中轴线为基准，沿着中轴线的两侧循"序"排列。而这里说的"序"正是儒家所倡导的"礼

位于古城东南隅的魁星楼

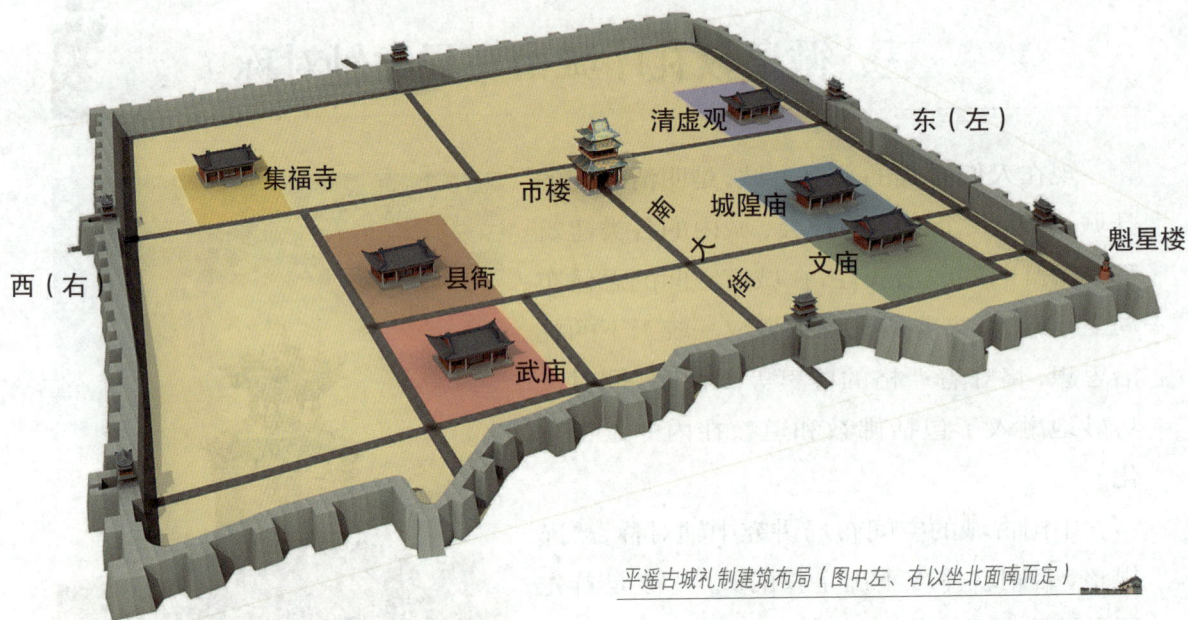

平遥古城礼制建筑布局（图中左、右以坐北面南而定）

序"。这种人格化的城池布局源于"天人合一"思想的支配，使人和天地、建筑浑然一体，和谐统一，更能体现出皇权"受命于天"的理念。

现存的平遥古城是明清时期中国古代县城的经典之作。这一时期中国古代城市的规划理念和形制已经相当系统，达到了前所未有的高度。平遥古城的扩建和空间布局的完善足以反映出当时中国汉民族的历史城市特征。

平遥将市楼建筑作为整座古城的中心，并以南大街为城池的中轴线，坐北面南，按照使用功能和文化属性布置各类建筑。其中对于文系建筑和武系建筑的布局最为讲究。古代中国治国安邦向来崇尚文治武功，文武并济，对于圣君名臣常常用文德武功加以赞誉。西周文王在先，武王在后，达到鼎盛时期，后人称之"文武之道"。汉代初期朝仪规定了文臣位左、武将位右的排列次序。以后各朝朝仪都是天子面南而坐，文武百官排列均沿袭了文臣在天子左侧，武将在天子右侧，也就是文东武西的位次。长此以往，"左为上、右为下"和"左文右武"成了中国固定的传统礼序，在规划建设古城时，也不例外。

今天，如果我们按照古人面南为尊的习惯，坐北朝南俯瞰平遥古城，那么因循皇权礼序进行的城市布局也就一目了然。（如左图所示）

平遥古城采取中轴对称布局的形制，在南北向中轴线，把文庙、县学、书院、文昌阁、魁星楼等文系建筑布置在了南大街的左（东）面，而把武庙和教场等武系建筑布置在了南大街的右（西）面。

与此同时，在空间布局上对于城隍庙和县衙署的位置关系也做了合乎礼序程式的处理。城隍庙在明代的古城里是必不可少的庙宇建筑，上自京都大城，下至偏僻小县，不论帝王官绅，还是庶民百姓，无不敬奉城隍。因为自古以来城隍在人们心目中就是护城之神，也有的说是玉帝派到人间守御城池的职官，总之，城隍不仅能够保佑一方平安，而且还能护国安邦，剪恶除凶，调和风雨，管领亡魂，关乎每个人的身家性命。明洪武年间更是大行封赏城隍，下令各地按照行政机构的称谓称呼城隍，城隍庙的规模也要仿照各级衙门建造。这就使得城隍庙在县城中位居县衙署之上。正是根据"左为上、右为下"的礼序规范，平遥古城将城隍庙建在了南大街的东侧，县衙署建在了南大街的西侧，形成二衙并设、人神共治的格局，集中反映了封建统治的皇权思想。

在平遥古城，道教与佛教二者之间的建筑布局也得到了恰如其分的安排。道教是中国土生土长的宗教，崇信"道生万物"和"修道成仙"。佛教则是由西域东

渐而传入中国的宗教，信奉"因果报应"和"生死轮回"。两大宗教的产生与弘传有着各自深刻的地缘文化背景。论及二教的起源，"道出东方"和"佛自西来"当是不争的事实。尤其佛教奉祀者崇尚的"西方极乐世界"更是深深影响着中国古代人生哲学。于是在平遥古城的建筑空间关系上，采取"左道右释"的中轴对称布局方式，把清虚观、真武楼、真武庙、火神庙、雷神庙等道教建筑安排在城东，集福寺、吉祥寺和白衣庵等佛教建筑安排在了城西，既符合礼序要求，又融入了

平遥古城棋盘式路网格局

道教与佛教的文化内涵，通过择址定位的标志，诠释了道与佛的源流特征。

在整座古城中，以南大街为基准，恪守中轴均衡对称的规划布局形制，把文庙与武庙、城隍庙与县衙署、清虚观与集福寺这三组重要建筑群分置于城内的东侧和西侧，并且由南而北，分别建在了城内三条东西向的主要街道北侧，形成面南而尊之势，俨然一座缩小的王城，空间布局紧凑，显得威严庄重、大气恢宏。这种遵循皇权礼序进行城市布局的古城不仅仅在平遥古城可以见到，而且在其他古代县城、州城、府城，乃至都城，也几乎随处可见。平遥看似一座黄土高坡上的弹丸小城，然而麻雀虽小，五脏俱全，小城的布局集中体现了中国古代汉民族营城的所有传统文化理念，具有典型的遗产价值。

四、承井田之制街巷纵横棋盘格局

平遥古城的街巷格局集中体现了中国古代城市道路规划的特征。在方方正正的古城里，由四大街、八小街、七十二条蚰蜒（yóu　yún）巷组成了棋盘式的街巷道路系统，既有提供车马客货通行的主要道路，又有为居家生活需要，方便骑马、坐车和乘轿出行的次要道路，也有仅供徒步穿行的小街小巷。街衢巷陌轴线突出，主次分明，经纬交织，布局严谨。

棋盘式街巷格局历来是中国古代城市道路系统的一大特色，几乎成为一条千古不变的规律，不仅曾在建造过的四五千座古城被广泛采用，而且沿用至今。这种道路网的形成同样来自西周时期的井田制。而井田最初作为古代村社的土地使用方式，则要追溯到夏商时代。据史书记载，夏商时代为了统一管理农田水利灌

溉，把土地划分成一份份方方整整的田亩，形如井字，然后平均分配给庶民耕种。

这种土地使用方式传承到了西周，便逐渐演化成一种严密的井田制度，按照九宫格局将田亩平均分配成份地，共由九块份地组成，公田居中，周围八块属于私田。当时井田的基本单位叫做"夫"。"夫"的面积大小相当于当时一个农夫所能耕种的100亩耕地。而每块份地刚好是一"夫"。《周礼·考工记》说："九夫为井"。《孟子·滕文公上》也说："方里而井，井九百亩，其中为公田，八家皆私百亩，同养公田，公事毕然后敢治私事。"这是由于八家支付农田水利灌溉的公共费用必须全部依靠在公田集体耕作的收

城墙内侧的环城马道

入，只有先治公事，后治私事，才能确保共同的利益。

　　井田制中田亩之间的界线常常以封疆阡陌来划分，田亩整齐划一，外有封疆，内有阡陌。古人把南北向的田埂路径称之为阡，东西向的田埂路径称之为陌，也就是现在人们通常所说的田间小路。古时采用阡陌之名，大概是从千亩百亩和千夫百夫生义而来。于是封疆阡陌成了划分井田的主要结构，在井田制的基础上建立了邑、里的村社组织。

　　井田制在平均配额水利灌溉和村社管理上很有成效，因而也成为西周时期营国营城的一项基本原则。在规划中将"夫"和"井"作为古城社区的基本网格单元，建立经、纬平面坐标系统，以中经和中纬作为纵横两条对称轴线，对城市进

远望城内别有洞天

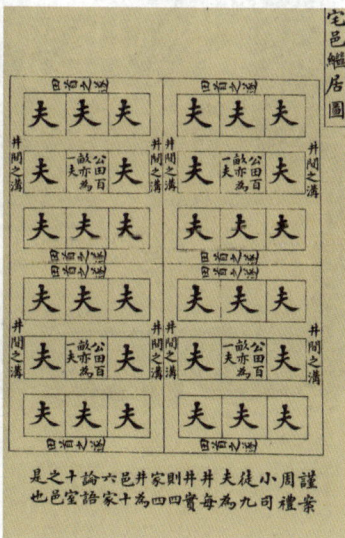

〔清〕《钦定书经图说》
中的宅邑继居图

行总体规划布局，借用封疆阡陌理念布置道路，安排各类建设用地。这样做起到了用地布局紧凑和街巷交通分布均匀的作用，整个道路系统主次分明，组织合理。直到今天，棋盘式的路网格局仍然被普遍用于中国大大小小的城市规划建设，成为中国城市规划的传统方法和基本模式，充分显示了它亘古长久的生命活力。

平遥古城的街巷格局是中国古代城市路网布局的典型，为了解和研究中国城市道路的过去和现在提供了范例。不仅如此，它在承袭井田制的规划理念和方法时，结合平遥古城形制的实际又有所创新。一般城池都规划有十字大街，利用十字大街贯通东西南北四座城门。十字相交之处也是整座古城的中心。平遥城内虽然也有东大街、西大街、南大街和北大街，街道宽度都在4米到5米。但

南大街

是古城南北向却采取了"城门不相对，道路不直通"的办法，本应直通的南、北大街变得相互平行起来。南大街与东、西两条大街呈丁字形交汇，而北大街仅与西大街呈丁字形交汇，这样的设计构思既考虑了军事防御的需要，又强化了南大街作为整座古城中轴线的地位。这种街巷格局从明代扩建城垣开始，一直传承到现在，已有600多年，始终没有改变。

城内的八条小街由一段段东西向的街巷组成，包括上东门街——文庙街——东南门头街、上西门街——书院街——西南门头街、城隍庙街、衙门街、砖圈门巷——仁义街、郭家巷、关帝庙街——火神庙街、海子街，街巷最宽处5米，最

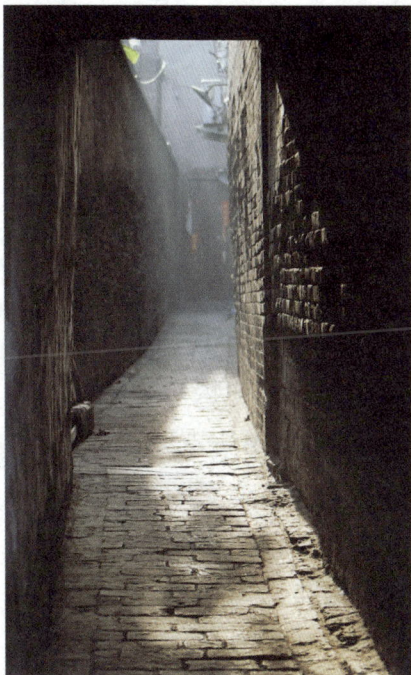

小巷晨光

古城蚰蜒巷

衙署街

窄的巷道只有0.6米，作为次要干道把古城分隔成若干个地块大小基本相等的街坊，而且都与南大街这条中轴线连接，加强了城内东西向交通的联系。就在这座看似不大的小城内，主路和次要道路上却建有二三十个规模不等的牌楼、牌坊，高低错落，竞相媲美，烘托着星罗棋布的官署、寺庙。由于众多牌楼与牌坊的分隔组合，也使街巷和街坊的空间变得更加富有层次感，锦上添花，装点着古城雍容华贵的街道景观。

城内路网的支路则是由七十二条狭窄的小巷纵横交织而成。小巷犹如爬行的小动物蚰蜒，遍布在整座古城。这些看似不起眼的街衢巷陌延伸到了城内各个角落，维系着寻常百姓的居家生活。街衢巷陌又通过宽一些的街巷与环城马道相互连接，构成了古城内的环路。这就保证了生活在深宅大院的里坊住区居民既能够拥有属于自己的静谧环境，也能够随时便捷地出行。可以说，平遥古城棋盘式的街巷格局把居住生活与道路交通有机地结合在一起，细微之处尤其透出以人为本的和谐理念。

在平遥古城，看似平常的大街小巷，其实不仅满足着交通顺畅的需要，而且还渗透着浓郁的民俗文化。乍到古城，或许为一些奇怪的现象感到疑惑不解。走着走着，不知为什么，几乎在古城所有的丁字街口，正对着来路，总是会看到一座或大或小的神庙。即使没有建庙的地方，也会在街巷的丁字形路口，也就是民间风水上所谓的"直冲处"设置一块石碑，刻上"泰山石敢当"的字样，或者摆放上一个石狮，以石镇宅。这显然不是出于交通组织的需要，倒像是刻意保存着一种文化。《平遥县志》没有记载，却在老百姓的口碑中一代一代传承了下来。只有从当地居民的口里才能得知这是明清时期平遥盛行居家风水的匠作，其用意在于抑制邪气，化解冲煞。以泰山命名石敢当，自然因为泰山是五岳之首，而在明清时期，民间对于东岳大帝的信仰相当盛行，全国

巷口墙面上镶嵌的泰山石敢当

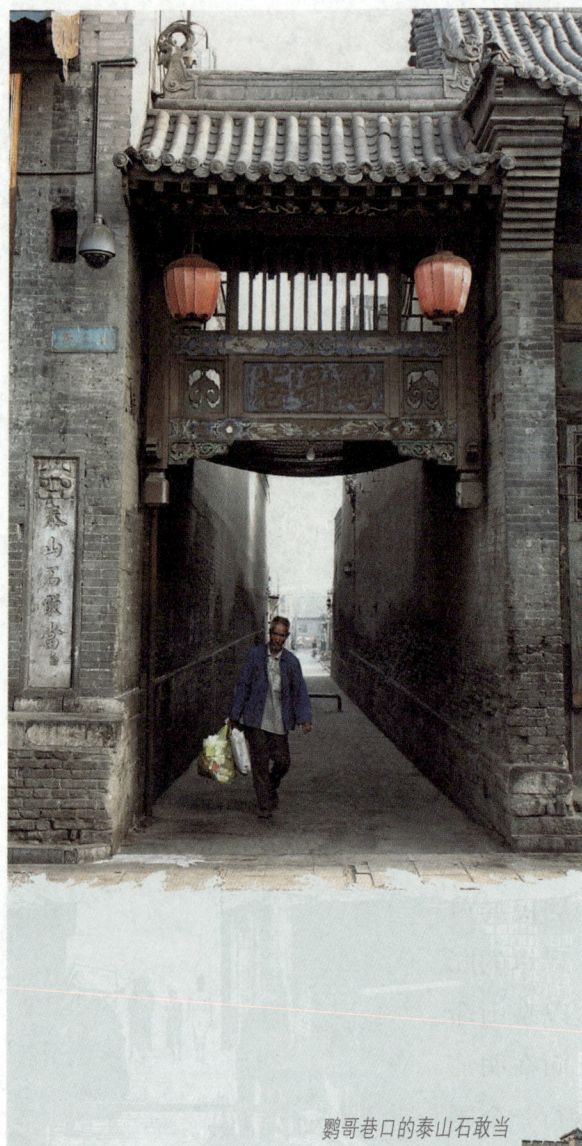

各地多有在民居建筑上镶嵌"泰山石敢当"小石碑的风尚，平遥民居正是典型的实例。这种独特的历史文化现象渗透在古老的街巷格局里，更使人感到了平遥古城处处洋溢着传统文化的氛围。

无独有偶，由于古人以面南为尊，绘制地图也常常取法"上南下北，左东右西"，而不是如今的"上北下南，左西右东"的方式，因此在平遥古城的街巷格局中，颇具匠心地将城隍街、衙门街、南大街和东西大街连成一个"土"字，全部辟为商业街，正是依据了中国风水学里的阴阳五行说，按照"水生木、木生火、火生土、土生金、金生水"的顺次相生规律，取"土居中央"和土能生金的聚财之意，为此，这座古城也被中华文化罩上了一层神奇莫测的色彩。

鹦哥巷口的泰山石敢当

第二章 中国古城军事防御的实物例证

中国古代的城池千姿百态，然而不论建造成怎样的形状，毫无例外地都由城垣和护城河围合而成，以满足军事防御的需要。中国筑城的历史十分悠久，可以追溯到史前龙山文化时期。到了商周时代，特别是武王伐纣平定天下以后，大举分封诸侯，于是天子和诸侯都把营城作为立国的根本。他们认为"筑城以卫君"，只有通过营城，才能建立宗庙社稷，才能君临天下，以求普天之下王土永固。所以营城的目的为了营国，营城等同于营国，营城营国便成了巩固周天子世袭统治的第一要务，受到格外重视。据《礼记·王制》记载，当时天下分为九州，"州建百里之国三十，七十里之国六十，五十里之国百有二十，凡二百一十国"。各诸侯国纷纷建造城池，促使城池营建进入了一个快速发展的阶段。平遥古城正是在这种封侯建国、封地建国的大势中应运而生。

古城晨曦

一、明代砖城墙加筋夯土固若金汤

　　据说平遥城池最初建造在西周宣王时期。对于那个邈远年代的城垣，因史载阙如，现已无从考证。不过从大量的考古发现和史料文献记载中，有一点可以肯定：当时平遥古城的城垣还没有建造像人们今天看到的这种高大雄伟的包砖城墙。

　　在中国古代，只有作为最基层一级的县以上政权所在地，才有资格修筑称之为"城"的这种高墙。因而举凡有城的地方，必定有高墙四周封闭。高墙之外挖沟成池，是谓城池。并且各地建造的城池都有一个共同特点，那就是明代以前基本上均用黄土分层夯实版筑起来，建成高大厚实的城垣。而在中原地区，大都采取挖河筑城的办法，把从护城河挖取的黄土和料姜石就地堆积起来层层夯实构筑，使城垣与护城河一举兼得。为了便于防御守备，这种土筑城垣基础宽大坚实，牢固耐久，城垣的高度都在二三丈以上，差不多相当于现在的10米上下。城垣的断面呈梯形，外坡陡而内坡缓，使墙体和地面形成侧角，也就是城墙的外墙面从下至上都向墙内倾斜，因而攻城作战很难登攀。从考古发掘出的大量春秋时期诸侯国的都城来看，城垣营建毫无例外全部由夯土筑就。平遥古城与这些都城既然属于同一时期的产物，那么自然最初也是以土筑城。

　　或许现在人们早已司空见惯了用砖墙筑起的古城，所以在大多数情况下，还是习惯于把城垣也叫做城墙。其实所谓城墙，只不过是古人在夯土城垣的外层又包砌了一层比普通青砖大一些的城砖而已。虽然这种城垣包砖的做法早在汉代已经有了先例，但是举国上下大规模采用包砖的做法建造城池，则是明代的事。

　　明朝是朱元璋推翻了蒙古贵族统治的元朝以后建立的又一个中央集权的君主

雄浑巍峨的平遥明代城墙

专制社会。立国之初，中原、江南和闽广等地虽已归属明朝政府管辖，但是北方边患不止，国内矛盾依然严重。于是在明太祖朱元璋"高筑墙、广积粮"的防卫政策推动下，各地府、县开始纷纷增扩城垣，修建砖筑城墙。后来随着国力强盛和制砖生产能力的提高，砖筑城墙风靡全国，形成了中国筑城史上一次具有划时代意义的高潮。直到现在，人们所能见到的或者留在记忆中的古城，几乎都是经过清代修缮后的清一色明城墙。

平遥城墙属于明代初期最早建造的那批中国砖筑城墙之一。这些城墙的建造完全出于明王朝政治军事的需要。朱元璋最初建立大明王朝时，元朝大将扩廓帖木儿还雄踞在山西。明洪武元年（公元1368年）十二月，大将徐达

城墙高耸，固若金汤

隐藏在垛口内的火炮

奉旨攻陷太原，紧接着第二年正月常遇春又迅即攻克大同。此时的元朝统治者虽然败退到漠北，大势已去，但是对于大明江山仍然虎视鹰瞵，伺机卷土重来。与此同时，山西境内存在的一批地主武装也对新生的明朝政权构成了严重威胁。为了防御元朝残余势力的反扑，巩固政权，稳定局势，明王朝在山西境内不但以太原府为中心修筑了大量城池、城堡和营寨，而且还在北方边塞设立了包括太原、大同和宣化在内的"九边重镇"。平遥距太原府城不过100公里，其间无山河之险阻隔，地处南北孔道，防患通衢，历史上曾几次遭到洗劫袭扰，故而构筑城垣格外重要。据史书记载，唐武德二年（公元619年），刘武周引突厥兵攻陷平遥。宋建隆元年（公元960年），赵匡义派李继勋率军进攻北汉，焚烧平遥县城，大肆杀戮掠夺。宋靖康元年（公元1126年），平遥城再一次被金兵攻陷，死伤平民4500多人。所以面临元朝残余势力袭扰和地主武装威胁，平遥以史为鉴，于明洪武三年，也就是公元1370年，开始在周长"九里十有八步"的古城垣上大规模扩建城墙，"周围十二里八分四厘，崇三丈二尺，壕深广各一丈，门六座，东西各二，南北各一"。"正德四年（公元1509年），又筑附郭关城一面"。在这以后的明清两代500多年间，历经26次修葺增补，才形成了平遥古城现存的城墙形制和规模。

这座经过明初扩建重筑的城墙，无论墙体夯筑技术，还是城防工事结构，都在古城垣的基础上有了很大的改进。原本单纯用素土夯筑的墙基和墙体，在重新夯筑时自下而上采取了加筋强固的措施，每隔2米就铺有一层间距为2～3米的木栓，并将每层夯土的厚度控制在12～15厘米，使夯土层更加坚固密实，即便是墙基和墙体出现了不均匀沉降，也能防止和减少城墙出现裂缝。在规划城墙的基底宽度、顶部宽度和城墙高度上，平遥古城也不拘一格，因地制宜。当时全国各州、县建造的城墙基底宽度一般都不超过6米，而这座地处四塞要冲的小城却把城墙底宽建到了8～12米，就连城墙顶部最窄的地段也不

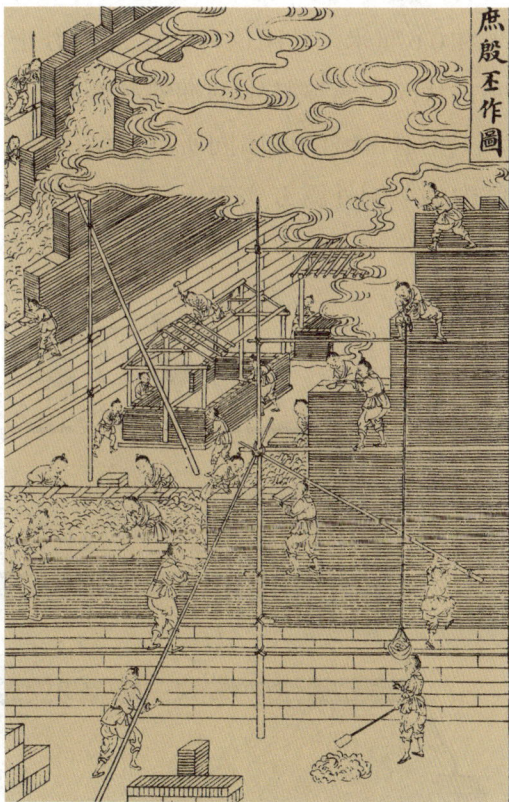

（清）《钦定书经图说》中筑城图

少于 3 米，宽的地方竟有 6 米之多，几乎超过了有些州城和县城城墙基底的宽度。不仅如此，平遥古城的夯土墙外侧均以条石为基，在条石基础上筑起的台级高出地面 1 米，宽度在 3 ~ 5 米之间。台级外用砖砌成散水。台级以上再用特制的城砖由底到顶依次砌筑了 0.87 米、0.7 米和 0.53 米厚的挡土墙。挡土墙内侧每隔 6 米还砌有一座与城墙高度一样的厚实砖垛。砖垛呈矩形断面，长、宽两边分别为 0.8 厘米和 0.6 厘米。采用这种方法加强夯土墙和挡土墙之间的整体性与稳定性，足以表明古代匠人营城技术的娴熟和高超。

　　平遥古城的城墙同所有古城一样，除在城门内外全部包砌青砖以外，通常靠近城内的一侧外露夯实素土，只在城外一侧包砖。平遥的城墙高 10 米，下宽上窄，收

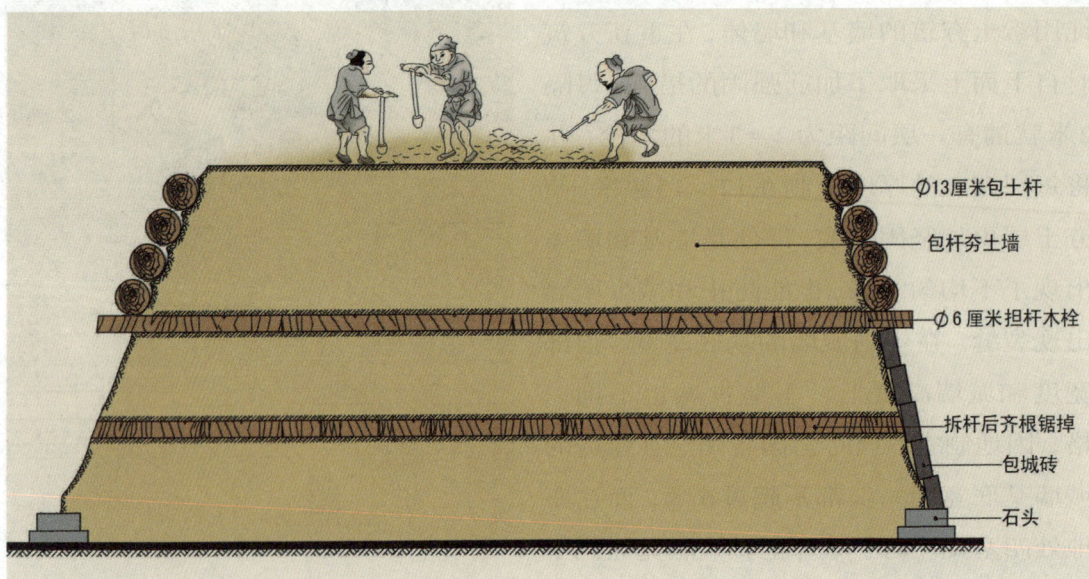

Ø13厘米包土杆

包杆夯土墙

Ø 6 厘米担杆木栓

拆杆后齐根锯掉

包城砖

石头

古代夯土城墙施工示意图

分较大。城墙外檐也都砌筑了具有掩体功能的垛口墙，并在内檐砌筑了半人高的女儿墙。因为垛口墙在战时可以遮挡攻城的流矢飞石，保护守城兵马穿梭调度的安全，所以垛口墙又被称做挡马墙。不过平遥古城四周的垛口墙厚度都在 0.5 米以上，高度足有 2 米，其数量之多达到 3000 个，实在令人咂舌。而且城墙四周的垛口背后每隔不远还设有炮台，盔甲、火器、火药、铅子及弓弩之类无不具备，隐蔽在垛口后面，以近 2000 门各类火炮威慑远处集结攻城的敌军，形成远、中、近不同层次的火力网，抵御来犯之敌。为了保证战时迅速调兵遣将和动员民众，除了城墙上铺有厚厚的城砖，便于兵马、火炮运动之外，在古城内沿着城墙四周还修筑着环城马道，使得城上城下构成两道闭合的环路，相互支撑，便于兵

（清）《钦定书经图说》中攻城图

夯土城墙排水设施

力迅速调动，粮草弹药及时补充，更加增强了平遥古城的军事防御功能。

平遥城墙的匠心所在比比皆是。其中排水设施的设计构思和完善程度至今对于工程建设都具有极其重要的价值。城墙建成已有500多年，它的内侧依然裸露着当年素土夯筑的墙体。由于是素土，经不起雨水冲刷，精明的古代匠人便在城墙顶部海墁青砖，按照事先的创意铺装成排水坡度，把雨水有组织地集中到女儿墙下的出水口，通过埋置在女儿墙出水口处用条石开凿的排水槽，排到城墙下的散水台阶，再流入城内的马道。这种不失为绝活绝技的措施一直沿袭到了今天，仍然被人们广泛采用。也正是因为有了它，才使得平遥古城安然无恙，更加固若金汤。

二、马面敌楼御攻城巧构立体防线

来到平遥，细心的人只要稍加留意，就会发现这里的城墙和如今我们所能见到的其他城墙相比，有一个与众不同的特点：在平遥古城四周城墙的外侧，沿着顺直的墙面看去，每隔60米或者100米，便砌着一座突出墙面的方形城台，上窄下宽，棱角分明，比例修长，透着一股威武阳刚之气。城台从墙面向外支出2～3米，高度与城墙持平。每座城台上还建有一个两坡式硬山屋顶的二层楼阁。楼阁呈方形，占地面积10.24平方米，四壁砌砖，内设木楼梯和木楼板。它的底层面向城内的一面辟有拱券门，二层楼上在四面墙壁各开有两个拱券形的窗孔。这些凹凸变化、排列有序的城台和楼阁总共建有72座。它们如同长城的烽火台，挽臂相连，巍然屹立。

这种形式的城台开始出现于汉代。因为城台突出城墙平面，棱角整齐，形体瘦长，所以古人形象地把它比喻成马面。汉代时许多城池都曾建造过这种马面，不过马面上不建楼阁，只建砖台，而且城池各边的马面仅有寥寥几个。后来宋辽金元各代建造城池时，马面的数量才多了起来。到了明清时期，附

城墙垛口与马面敌楼

敌楼

垛口

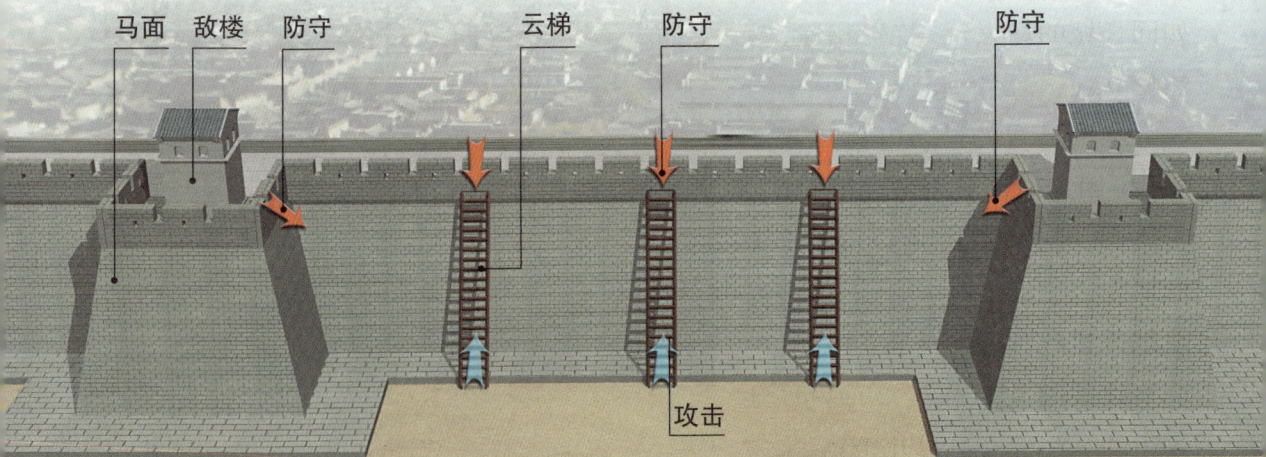

马面　敌楼　防守　　　云梯　　防守　　　　　防守

攻击

古代城墙的敌楼、马面攻防示意图

着在城墙上的马面一般建在城池比较小的县城，而规模较大的都城和州城、府城已不多见。究竟是什么原因导致了这种现象出现，我们从史料记载上找不到确切答案。不过，从马面建造历史长达2100多年，直到抗日战争中平遥城墙依然重振雄风的事实，雄辩地证明了马面所蕴含的强大生命力。

中国古代无数次战例都曾充分展示了冷兵器时代马面对于城池防守的独特作用。锯齿状凹凸的马面附着在城墙上，与城墙连为一体，既增强了城墙的坚固性和整体性，也提高了守城将士的防御能力。因为攻城之战通常是从城墙的正面发起攻击。攻城士卒在流矢如雨的凌厉攻势掩护下，凭借架在城墙上的云梯攀登直上，奋力拼杀突入城头。而此时的守城将士唯有手执兵刃，借助城墙垛口掩体，与登临城头正面交战的敌兵殊死搏斗，但是却很难克服城墙平直带来的障碍，直接

登城步道和马道

登城步道和马道

消灭垛口外攀爬在云梯上的敌兵。所以守城之战不仅艰苦，而且难免陷入被动。然而对于有马面的城墙防御则会轻而易举扭转这种被动局面。由于每段城墙都是由平直的墙面和相邻两端突出的马面构成，因此能有效地消除防御设施的死角。一旦敌人兵临城下发起进攻，守城将士便很容易利用城墙正面和两侧马面的垛口，组成交叉火力，在攻城敌兵尚未登临城头之前，可以先发制人，流矢飞石齐下，从云梯两侧阻止和击溃涌向城下的敌兵。如今随着岁月的流逝，中国古代城墙的马面已经陆续化作历史的尘埃。只有这座幸存的古城还保存着马面的完整形态，作为特殊城防设施的孤例，向世人展示着冷兵器时代这种被叫做"城"的盾牌。

在古代中国，不少城池都建有类似平遥古城墙上的楼阁式防御设施。这样的楼阁平时当兵器库，战时底层驻兵，存放兵器，二层作为瞭望窗口。人们把它称做敌楼。敌楼具体设置在哪个位置并无统一定式。由于不同规模的城池所处的地理环境有很大差异，因而出于各自军事防御的需要，敌楼或者建在城墙之上，或者建在城池之内，或者单独建在城外的西北角和东北角，距离城池不过几十米，与城池形成掎角之势。然而像平遥古城这样，直接把敌楼建在了城墙的马面上，可以说极其少见，也是目前仅存的实例。平遥古城的敌楼如此之多，和城墙上的马面、垛口紧密地结合在一起，构成了完整的防御工事。有了敌楼作为守城将士的依托，防区更加明确，也给瞭望巡城和组织交叉火力进行有效防卫带来了极大的便捷。因为敌楼的存在，将士们盛夏可以躲避酷暑风雨，隆冬可以御寒防冷，这在冷兵器时代对于提高战斗力，无疑是绝妙的匠心设计。不仅如此，城墙上72座敌楼的设置正对着城内72条蚰蜒巷，居高临下，对街巷动静一目了然，成为监控小街小巷的火力制高点，无论平时或者战时，对于守城和防范都是不可多得的安全设施。不过有趣的是，生活在这里的平遥人并不仅仅把马面敌楼看做防御攻城的军事设施，而是赋予了它们更加深邃的文化寓意。在平遥老百姓的心里，城墙上的3000个垛口暗示着孔子的三千弟子,72座敌楼则隐喻着孔子的七十二贤人。按说孔子和修筑平遥古城原本扯不上一点儿关系。康熙十二年（公元1673年）编纂的《平遥县志》分明写着：古城墙于"明洪武三年（公元1370年）重筑，后建敌台窝铺四十座。"又说："隆庆三年（公元1569年）知县岳维华增敌台九十四座，俱用砖砌。"可见明代时重筑的平遥古城墙最早仅建40座敌楼，敌楼数量最多时也曾达到过134座，本来没有恰好建过72座敌楼。却不知缘自何时，在当地竟然绘声绘色地编出这样一段离奇故事：传说明洪武三年（公元1370年）扩展平遥城池规模，重修城墙时，曾为城墙的建造方案争执不下。于是县令带着众吏乡绅来到城外实地勘察。恰巧就在此时狂风大作，形似巨龙腾空而起，席卷而过。稍时从天空飘落下两张黄裱，不偏不倚落在县令脚下。县令满腹疑惑，俯身拾起观看。原来一张黄裱上书七言绝句一首，诗云："十里城墙不设军，列队三千尽孔门。笑傲武夫总言战，韬略运筹胜兵戎。"而在另一张黄裱上则画着一幅城池的式样。将两张黄裱上的图诗对照一目了然，按城墙扩建的大小可以修筑3000个凹形垛口、

如今在古城墙下的晨练

72座敌楼，这些数字恰好与孔圣人门下弟子的数量相同。莫非上苍之意是让平遥县以文武之道刚柔并济，保卫这座古城的平安？想到这里，县令和众吏乡绅如梦初醒，诚惶诚恐跪拜在地，再三感谢上天。从此平遥古城的城墙也就有了孔子三千弟子、七十二贤人的传说。

无论是一种巧合，或者是一种附会，也许真的在清代修葺城墙时有意而为，总之，把治国安邦所用文武之道巧妙地放在这里，给这座小城的军事防御赋予了浓厚的儒家思想内涵，足见平遥人的睿智与精明。这样一来，驻防城头的不仅是守城将士，而且首当其冲的便是孔子的三千弟子和七十二贤人，在精神和道义上宣示着"仁治"，而反对武力。似乎连至圣先师也能与古城军民同仇敌忾，激励自己的门生儒子和圣贤哲人前来守城护民。这不仅对攻城来犯的一方增添了道义和心理的压力，而且也鼓舞了平遥守城军民的士气。古人把营建完善的军事设施与设置心理障碍结合得如此炉火纯青，可谓独具匠心。像这样，连规划设计古代军事设施都蕴含了深邃的文化寓意，在世界军事设施构筑史上不啻为一种创举。

三、瓮中捉鳖奇招妙用与瞭敌观景

瓮城乃古城的门户，也叫月城，是建在大城门外的小城，真正的作用在于加强城池的军事防御能力。建瓮城而出入并施以防范，唯中国古城建制特有，举世孤例。瓮城建在城门之外，小城规模，只作交通要冲，不能居住。它的形状很像早先中国民间起居生活常用的一种叫做瓮的陶器。这种陶器内部的空间大，口却很小，盛装东西不易倾覆倒出。古人正是借鉴了瓮的特点和制作瓮的思维，在城

凤仪门（下西门）
瓮城

　　门之外建造瓮城。瓮门的位置与城门位置形成90°夹角，两门不能相对，不能直通，把本来可以顺直进入城门的人、车改为曲折通行出入，起着重要的军事防御和日常安全防卫的作用。

　　瓮城的存在，给进犯之敌设置了重重障碍，加强了古城军民的安全。即使敌人一旦攻破瓮门涌进瓮城，也就真的陷入了四面夹击被动挨打的绝命境地。由于瓮门与城门之间曲折相连，90°的急转弯对于匆匆涌入瓮城的人马在调动和攻城方面都将产生极大的困难，不能一鼓作气攻入城内。这时候，在瓮城四周城墙上的守军居高临下，飞石箭矢齐发，给入侵之敌致命打击，形同瓮中捉鳖。也只有在这时，瓮城的作用才会得到淋漓尽致的发挥。

进攻

防守

拱极门（北门）瓮城

根据历史文献记载，中国自汉代以来建造的无数座城池一般都设有瓮城，和城门巧妙地结合在一起，构成内外两道防线。"其城外瓮城，或圆或方，视地形为之，高厚与城等，唯偏开一门，左右各随其便。"（《武经总要前集·守城》）这是仅在中国古城才有的奇异特征，在世界文化遗产中独树一帜，价值与特色都具有唯一性，对于了解和研究中国古代军事、文化具有不可替代的作用。

平遥古城看似弹丸之地，但在建造构思和建筑形制上典型地反映了中国汉民族中原地区古代县城的特征。甚至可以说中国古城应有的建筑功能、各项设施和建造技术，在这里几乎都得到了完美的展现。仅从平遥瓮城的设置、建造便可窥之一斑。

中国从汉代起就有了瓮城。而平遥的瓮城始建于何时，是元代？宋代？还是隋唐时期？现已无法考证，所幸的是经过明清两代重建与修葺，至今保存得十分

瓮门与城门不相对，形成90°夹角

完整，真实地再现了它的特殊功能以及精湛的建造成就。

平遥古城共有六道城门和六座瓮城。康熙县志记载：明初扩建重筑城墙的同时，就建有"门六座，东西各二，南北各一"。而瓮城建筑则是以后分为几次陆续完成，并非一蹴而就。

拱极门（北门）门额

依照中国古老的传统惯例，选择每座城门和瓮门的位置、朝向以及所要题写的门额内容，均颇有讲究，一举一止处处渗透着中国古代的哲理、宇宙观、人文传统和伦理本位的思想，赋予古城人格化的寓意，寄托了营城者的希冀与情感。这在世界其他各国极为罕见。从今天能够查到的明清两代县志看，平遥古城的六座城门早在明代初期已经各有其名，后来屡有变更。清道光年间大修，在城门上的砖雕门额，已经和康熙年间大有不同，分别题作迎熏、拱极、太和、亲翰、永定、凤仪。说明在不同时期，主导营城的知县都把建造城门当成一种可资鉴赏的建筑文化创作，总是借助门额题词寓意，画龙点睛，来表达自己的审美观和对天人合一的理解，并且通过城门冠名传递为官当政的思想，昭示民众和过客，追求稳定与祥和。

古人崇信风水之说，建城造屋离不开堪舆，往往因袭传统文化理念，对建筑环境进行选址安排，借以协调人与自然的关系。在方位选择上，他们认为四面八方，正东、东南、正南、正北为吉，其余四方为凶。很可能当初选择平遥古城方位时，考虑城池与东西流向的柳根河（原中都河）大体平行，并使城池的主要朝

迎熏门（南门）门额

向能够满足日照与东南风向的要求，于是形成了坐北面南而略微偏东的方向，使得南门迎着东南方温暖芳香的和熏之风，故此名之为"迎熏"，表达了开门见喜、温馨祥和的期望。而平遥古城的北门则与中国大多数古城的北门一样，谓之"拱极门"。拱者，拱卫也，极则指北极星。在中国古人的心目中，北极星是天之最尊星。朱熹集注："北辰，北极，天之枢也，居其所，不动也。拱，向也，言众星四面旋转而归向之也。"营城者将平遥古城的北门冠名拱极门，自然是隐喻四方归向、众人共尊。而上东门地处东南，按照古人信奉的风水之说，属于生气趋吉的方位，于是城门取自《周易》中的"保和大和"之意，门额上书"太和"，企盼阴阳二气和谐共生，相得益彰。下东门的位置至关重要，虽然地处吉利方位，面迎东方，但是却与去往太原府的通衢大道连接，是敌人进犯的战略要冲所在，门额取"亲翰"二字，意在告诫人们"戎事乘翰"，以保家卫国为己任。上西门地处西南方位，而且西向通衢，以风水学和安全防御观看，显得尤其凶险。故而为了避凶趋吉，以求城池安定永固，把上西门取名"永定"，表达了太平民生的意愿。在六座城门中，把下西门名之为"凤仪"，颇具神话色彩。下西门本处凶险方位，营城者却思绪驰骋，极富想象力，取意"萧韶九成，凤凰来仪"，以在中国古代传说中象征着祥瑞的百鸟之王命名反制，不可不谓遐想奇思。

　　如今我们在平遥古城看到保存完好的城门和瓮城，大都是清道光三十年（公元1850年）后大修。尽管城门面向东、南、西、北四个方向，但是瓮城的大门却

迎熏门（南门）城楼及登城门楼

亲翰

只在东与南两个朝向开设,体现了中国古代面南为尊和尊崇皇权的传统观念。其中南瓮城的瓮门与城门位置相错,因应地势面南而开。北瓮城的瓮门与城门呈90°角转向东面开设。上东门、上西门和下西门三座瓮城的瓮门均向南开,唯独那座门洞匾额题有"亲翰"二字的下东门却将瓮门开在了东面。那么既然下东门在军事防御上属于敌人重点进攻的门户,为什么还要把这座瓮城的大门正对着通衢大道而开呢?

一种说法是京城位于平遥古城的东面,下东门的瓮城大门向东开为了表示对朝廷的尊敬。另一种说法是下东门外除了护城河设防,还有一条横贯在城东的惠济河可作天然屏障。在惠济河上仅建有一座石拱桥,桥面并不宽,一旦战事告急,便可拆桥断路,阻隔来犯之敌,故而即使下东门瓮

从迎熏门(南门)内登城门楼看城下马道

亲翰门
（下东门）瓮城内的关帝庙

城的大门向东开，也无大碍。还有一种说法，把平遥古城说成是一座龟城，古人营造它时担心这只"乌龟"爬走，所以有意将它的左后腿拽直，并用绳索牢牢系在城东北10公里之遥的麓台塔上，这才有了下东门瓮城大门面东而开的奇怪现象。

　　显然这些说法是后人的推测或传说，不足为凭。实际上，现在已经没有人能够说得清下东门瓮门朝向的真实原因。而且更加令人感到诧异的是，在下东门的瓮城里居然还设有一人高的平台，平台上建起一座关帝庙，内置关羽、关平、周仓与赤兔马塑像。庙门对面建了一座戏台。从关帝庙通过一处狭窄的小门和砖砌步道可以辗转登上城墙。这在其他古城也十分少见。从军事防御的角度看，瓮城内主要是用于交通和作战。在瓮城内建关帝庙和给关帝唱戏的戏台，无异于在地面与城头之间搭建了几层攀爬的台级，缩短了垂直距离，自然对守城不利。殊不

知这正是平遥的瓮城与众不同之处，表明营城者对于瓮城功能的设计和空间利用有着不同寻常的见解。也许正是因为下东门的位置举足轻重，才建起了关帝庙，求助于武圣人坐镇瓮城，鼓舞守军士气。这与在城墙上设置72座敌楼和3000垛口，寓意孔子的贤人、弟子同仇敌忾守城卫民的做法，实有异曲同工之妙。至于瓮城里的高台建筑看似拉近了两军距离，实际近距离作战，对入侵之敌具有更大的杀伤力。据史料上记载，明万历年间在北门的瓮城内也曾建过真武庙和财神庙，可惜现已不

拱极门（北门）城楼再现昔日风采

存。在平遥，小小的瓮城尚且如此，可想而知，倘若总览整座古城的建筑艺术和技法，我们似乎不难发现，古代营城者在恪守传统礼制规范的同时，的确不乏独到的创意。古城在统一之下有变化，变化之中求和谐，达到了功能与形式完美结合的境地。

平遥古城无论城门或瓮门，门洞一律采用半圆筒形券顶，从城墙外立面凹进去3米左右的距离设有一副石刻的门框和门枕。门枕上凿有门臼，以立门轴。两扇向内对开的实榻厚门安装在石刻的门枕上。高大的门扇外包铁皮，铁皮上纵横排列着数不清的铁制门钉，门的内侧则以五道横置的巨木连楹，威严厚重，开启艰难。门洞内的道路用巨大的石块砌筑而成，并在道路两侧立有路牙石，实行人与车马分流。如今除了下东门的瓮城时而仍有行人出入外，其他瓮城的门洞早已不

古城坚实的城门洞与厚重的大门

再通行。但是人们在这里还能够清晰地看到岁月留下的那些高低不平的斑驳石块和深浅不一的车辙印痕。它们陪伴古城度过了数不清的岁月，见证了古城的兴衰沧桑，时至今日依然让世人感受到历史的浑厚与凝重。

和瓮城在一起共同构成古城门户的另一类建筑便是城楼。在中国的古城，有城门就会有城门楼。城楼是城门位置的醒目标志，具有观察控制进出城门的动态和瞭望敌情的双重功能。当然，通常情况下由于城楼的建筑造型精美，雕梁画栋，风采多姿，巍然耸立在平坦坚固的城墙上，形成强烈的虚实对比，使得古城轮廓跌宕起伏，平添了雄伟气势，自然也就具有了很强的审美意义。其实很多时候人们常常是通过城楼和城墙了解了古城，了解了古老的中国。

平遥古城在明代时就已建有城楼，清代康熙年间重修，南、北门两座城楼为三重檐二层七檩回廊式建筑，高 16 米，建造在瓮城内城墙的砖台上。木构楼层，三开间，歇山屋顶，采用绿琉璃瓦剪边。东、西两面四座城楼虽说也是二层七檩回廊式建筑，开间和屋顶形式也与正南正北的城楼相同，但是却建成了二重檐，城楼高度略低。六座城楼主次分明，突出了南北中轴线的地位与作用。这样的古城形态一直延续到了 20 世纪 40 年代末，不幸被一度盘踞在平遥的国民党军全部拆除，改筑成碉堡。平遥古城也因此失去了昔日的雄姿和风采。今天我们所看到的北门城楼、南门城楼和下西门城楼，是过了将近半个世纪以后，在加强平遥古城保护和申报世界文化遗产前后，按照旧制重新复建而成的。如今平遥古城的城楼虽然算不上历史遗存的古建筑，并非文物保护单位，但是作为意象性的建筑标志，使这座幸存古城的整体风貌更加清晰起来，留给世人难以忘怀的印象。

四、襟带古城护城河拒敌荒郊野外

　　中国在很早的时候便懂得就地取土筑城的办法。在城的四周挖沟取土，积水成池；再把取出的土夯实筑作城垣，即使在平地上，也能筑成两道防御屏障，形成高墙深沟的变化，起到安全防护的作用。这是古人的创造，是古代的智慧。这种防卫意识和方法最早来自氏族社会。那时的部落群体为了防止外来氏族和野兽的侵袭，想出了在居住地四周挖掘深沟设置障碍的主意。进入奴隶制社会，古人营国不仅懂得了开挖沟壕，设置路障，而且学会了修筑夯土高墙，凭借沟和墙的组合，创造了古城军事防御体系的基本设施。他们习惯于把城叫做城池，就是夯土城垣和

明代城墙和废弃的护城河

古城吊桥

由沟壕积水而成的"池"的统称。这里的池，便是通常人们所说的护城河。

护城河与吊桥，是古城军事防御必不可少的设施。护城河又称堑沟，在平遥也被当地人叫做城壕，从中都河与惠济河引进水来，环绕在古城的四周，变成护城河，形成封闭状的沟壑屏障，把古城与外部地界隔开。由于护城河的深度和宽度都在数丈，河面至河岸高不可及，故使攻城兵马既不能跨越，也不能泅渡，内外交通只能通过架设在护城河上的吊桥。这种木制的吊桥在城墙上竖有门架，靠城一侧桥面板用圆木做成横向转动轴，转动轴两端分别安装在两块石墩上，桥面板的另外一侧以绳索固定。绳索通过门架的滑轮伸向装置在城头的如同车轮大小的辘轳上，控制吊桥的升降。平时吊桥平放，可以作为连接古城内外的通道。战时升起吊桥，便能拒攻城之敌于护城河之外，起到阻止兵马火器接近城墙的作用。这种吊桥现在早已经消失得无影无踪，不过在历史悠久的冷兵器时代，它们却显得格外重要，即使到了使用枪炮作战的近代中国，古城的城防工事依然离不开护城河与吊桥。

平遥的护城河早已有之。最初在明代洪武年间重修城墙时，护城河的深度及宽度都相当于现在的3米多。此后又过了将近200年，即明世宗朱厚熜（cōng）在位时的嘉靖二十一年（公元1542年），蒙古军队俺答部大举进犯山西，入朔州，掠广武，突破雁门关，直取太原烧杀抢掠，旋即又转向人谷、祁县、平遥、介休恣意南扰。在平遥城外大肆焚烧村庄，杀戮百姓，一时间"四野举火，湮焰烛天。秋夜暴寒，月明如昼，杀掠之惨，口不忍言"。尽管如此，却未能越过护城河，兵临城下。明世宗死后，他的第三个儿子朱载垕（hòu）即位，史称明穆宗。穆宗不务政事，终日沉醉于游玩挥霍，放任大臣争夺首辅的斗争愈演愈烈，国家财政岌岌可危，进一步导致了农民反抗。在他登基的当年，即隆庆元年（公元1567年），广东便爆发了大规模的农民起义。接着，隆庆三年（公元1569年），陕西各地的农民也

揭竿而起，直接威逼山西。大概是危情所致，官府纷纷兴师动众，再次对州府和县城维修加固。于是平遥古城的护城河也就随之拓宽挖深，各达3丈，深广约有10米，同时还在六座城门外都建长吊桥。

从清代高锡琳《平遥县筑城开河记》和冀唐封《平遥县修城开壕记》可以看出，清朝建立后，康熙年间虽然对平遥古城与护城河进行过多次修缮，但是都没有达到明隆庆年间的规模。尤其康乾盛世带来经济繁荣、社会稳定，平遥的护城河变得壕桥填塞，几无形影。但是到了道光年间，又开始重新疏浚河道，在护城河的河床上特别包砌了砖石以加固，引水入壕，设止水闸，用来调节护城河的水量，控制河水的流速。一旦遇有攻城之敌，便将吊桥升起，利用护城河湍急的河水，加之城上箭矢火炮齐发，威慑河对岸毫无遮掩的兵马，对那些身穿盔甲战袍，手执长矛大刀攀登云梯的士卒造成极大的杀伤。故而很容易拒敌于荒郊之外，避免攻城之敌轻而易举兵临城下。

当然，平遥古城建在中都河（今柳根河）与惠济河的交汇处，也有先天的缺陷。因城池地势平缓，南高北低，雨季常受洪涝袭扰，因此护城河淤积和疏浚便成了常有的事。据县志记载，直到同治、光绪年间还曾不断疏浚。然而清末民初以后几十年，战乱不已，民不聊生，平遥古城历经沧桑，护城河与吊桥渐渐毁损，终归荡然无存。对于平遥这座千年古城来说，不见了护城河与吊桥，少去了一道屏障，不可不谓缺憾。以致面对日军攻打平遥古城时，城外无险可守，不幸陷落敌手。

如今人们在平遥古城所看到的护城河，大体是在原来城壕的位置上整理修砌而成的，虽说已经无缘饱览古代护城河的那种原汁原味的风貌，不过从恢复护城河的部分形态特征里，还是多少可以寻找些许历史痕迹，领略到古城完备的军事防御体系和古城的魅力。

第三章 中国古代县治与传统居住制度

中国封建社会有着两千多年的漫长历史。自秦朝实行郡县制，创立行政区划以来，县就成了一级政权。随着政权更迭带来的改朝换代，行政区域的划分在延续、继承旧制的基础上不断进行着嬗变改革，中央和地方的国家机构以及官吏制度也相应发生过无数次更动。然而，尽管千变万化，却唯有县的建制千古不变。对此，清雍正皇帝说得非常明白。他刚一即位，就在一个月内接连给州、县地方官员颁发了11道训谕，一再告诫这些朝廷命官："州牧、县令，乃亲民之官，吏治之始基地也，品秩虽卑，职任甚重。"（《清世宗实录》）认为天下之治或天下之乱，都始于州县。所以历代帝王对于县治格外重视。县衙与县令作为皇权政治的象征，直接面向民众施政，自然和庶民百姓的起居生活有了千丝万缕的联系。而且同在一片蓝天下，县令莅事治所与百姓生息之居受封建等级制度的严格束缚，既有鲜明的官民尊卑之分，又有传统理念和空间形态上的一致和谐。县治与民居之间所表现出的这种对立统一特征，发展到明清时期已经变得相当突出，形成了一整套建筑规制和建造程序。

县治是县级政权所在地，属于官府理政之所，故而通常被百姓称做县衙或者县衙署。不过，无论县衙或者民居，在木构建筑为主的中国古代，因为受到材料和技术的限制，建筑单体的形式都比较单一。然而中国古建筑自明代起，建筑群体的设计出现了创新飞跃，达到了空前的水平，在传统封闭院落的基础上采取了多重组合手法，使多

条纵向轴线并行，院落层层推进，形成建筑群体严谨规整、建筑空间丰富灵活的特色，创造了具有地方风格的优美建筑造型和空间环境。到了清代，县治与民居的建筑风格已经完善定型，建筑配置井然有序，尊卑等级格外分明，装饰也更加细腻清丽，蕴含了深刻的道德伦理观念和民俗文化内容。

如今，平遥县治与大片民居依然完整地保留着明清社会的原生状态，典型地代表了这一时代的建筑风貌和建筑特征。从这些文化遗产传递出的信息，不仅可以回望尘封的岁月，感受古代县治的运作场景，解读封建吏制的本质属性，而且还可以透过历史的沉淀，了解和体验古代中原地区汉民族一脉相承的起居生活形态，汲取优秀的传统文化。

一、明清时代县治形态与衙署特征

平遥古城为平遥县治所在。衙署建在古城中轴线的西侧，位于衙门街中段路北，坐北朝南，东西宽131米，南北长203米，占地面积为2.66万平方米，是古城内规模最大的一处建筑群。据清光绪八年（公元1882年）《平遥县志》绘制的县治图，当时的衙署建筑曾经达到30多座，均为明清两代陆续建造。这座县衙最初创

清光绪八年（公元1882年）
平遥县治图

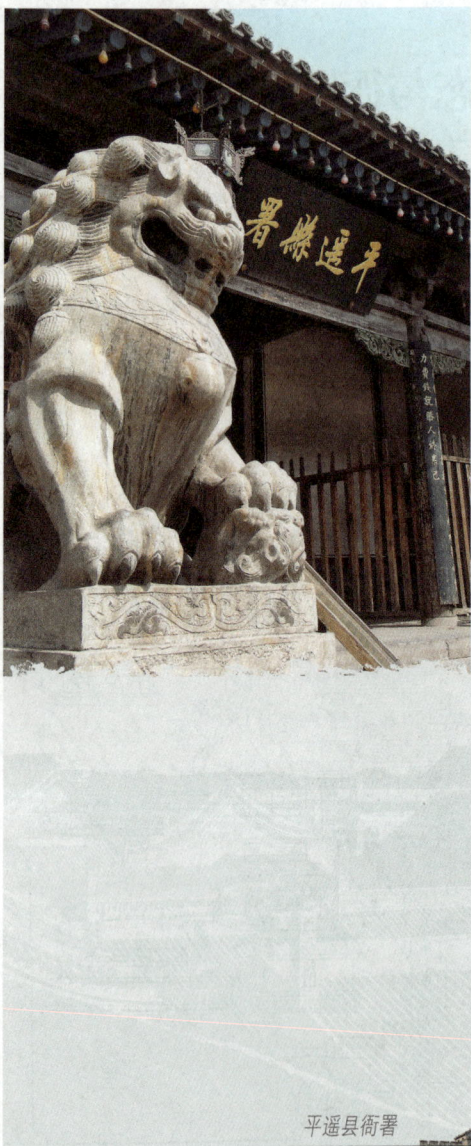

平遥县衙署

建的年代因史料不详，已经无法确定。仅能从明成化十年（公元1474年）《山西通志》中始见端倪，称："平遥县治在城内西南宣化坊，元至正六年建，国朝洪武三年主簿孙在明重建。"说明衙署建到现在位置的时间最晚也是公元1346年。不料，在这以后仅过了21个年头，元顺帝就被朱元璋推翻，结束了元朝统治。

朱元璋建立了大明帝国，紧接着，称帝后的第三年便在全国范围内大兴土木，一方面推动夯土城墙改扩建为包砖城墙，另一方面重整吏治，加强中央集权和地方行政中心的建设，要求县级政权的所在地也都必须完善县治，设立理政大堂、幕厅等必要的机构和相应的官邸、吏舍、谯（qiáo）楼、监狱、仓库等设施，而且对县衙署的规格作出了明确限定。

平遥县衙署正是在这个大背景下很快得到了重建。此后经过明万历年间四次大规模增建改筑和清顺治十二年（公元1655年）、光绪五年（公元1879年）先后两次补修扩建。现存整体布局和建筑配置依然反映了明清旧制。

　　县衙署最重要的主体建筑是县衙大堂，位于县衙中心。比照明代县治的规格，县衙大堂面阔一般为三间，知县在县衙大堂举行典礼，发布政令和审理案件。然而不知什么原因，平遥县的县衙大堂却破例比照明代府治的规格建成了五间，显示了平遥县在众多县治里规格非同一般。

　　县衙大堂的建造也相当讲究，面阔五间，进深六檩，屋顶形式虽说采用最常见的单檐二庇（bì），不过四条垂脊悬挑在山墙外，建成了悬山顶。前檐下斗拱五踩，补间一攒，也就是做成上下三层出跳的斗拱，以增加外檐的高度和加大出檐的深度，在柱头之间的梁枋上设一处由斗、拱、昂、枋组成的结构单元，传递檐口重力。外墙采用栅栏门和直棂窗，坐落在1米多高的砌砖台基上。台基由台明和月台组成。月台前的台阶采用等次较高的御路踏跺，表明了地位的尊贵显耀。

县衙大堂

大堂外檐斗拱五踩

县衙大堂以悬山覆屋顶无檻墙

散斗

令拱
慢拱
瓜子拱

散斗

瓜子拱
慢拱
散斗

华拱

泥道拱

栌斗

耍头

昂

古建筑斗拱构件

　　在中国古代，府、县大堂又称公堂、正堂或正厅。或许是为了向庶民百姓表示为官清正廉明，办事公开公正，也或许为了向庶民百姓宣示官府的威严，总之县衙大堂建筑的次间不设槛墙，无遮无拦，直接面对着大堂前开阔的庭院，并且月台上也不设石栏板。这样一来，大堂内外通透互动，更便于面向围观民众理政训政和审理刑事案件，因而兼有了惩一儆百的诫示作用。大堂内的正中屏风上置有一幅象征"清正廉明"的山水朝阳图，顶置"明镜高悬"匾额。在屏风前高出地面的官台上以四根立柱支撑，柱间不设任何隔断，围合成开敞的官阁。官阁顶上的天花绘有三十六仙鹤朝日图，寓意着皇权一统，四海归一。官阁是县治权威

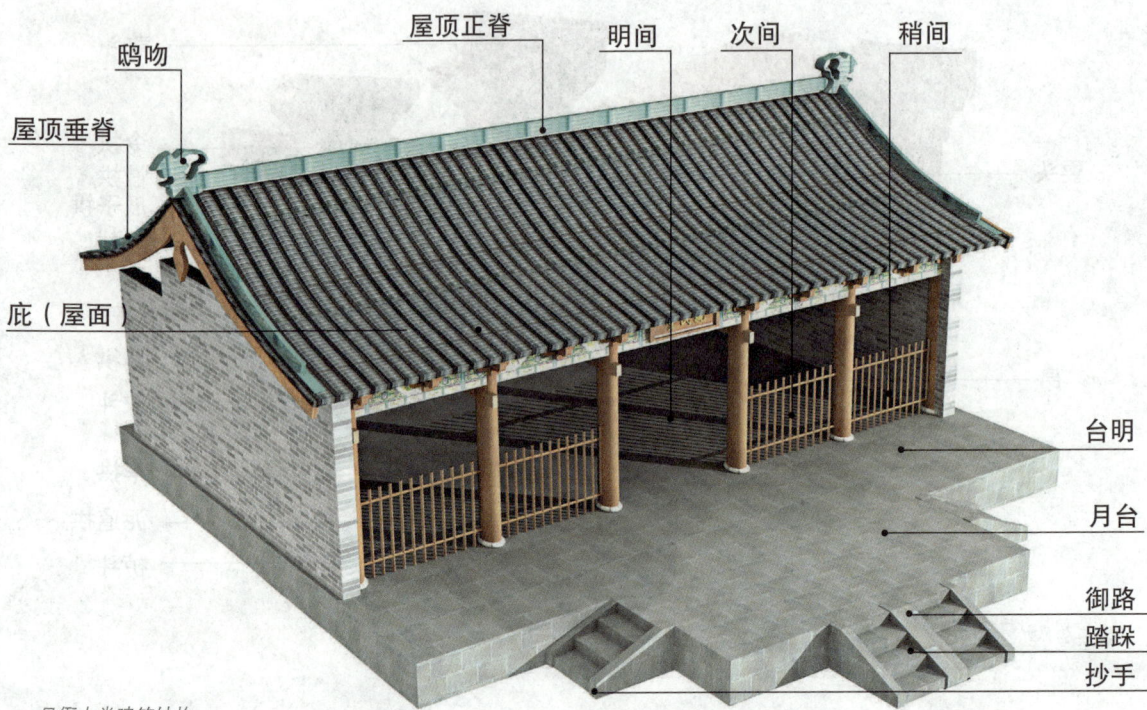

县衙大堂建筑结构

屋顶垂脊

鸱吻

屋顶正脊

明间

次间

稍间

庇（屋面）

台明

月台

御路

踏跺

抄手

的象征，内设几案与官帽椅，几案上摆放纸墨笔砚文房四宝、惊堂木和火签筒，案旁右侧立有一个木架，专门用来放置官印。官阁两侧陈列正七品官的仪仗。看上去整座县衙大堂庄重肃穆，气势威仪万千。

在大堂的后院是二堂，同样面阔五间，而内部陈设要比大堂简约得多。这里是知县的主要办公场所。知县就是在这里审理婚姻、土地、房屋、债务等民事纠纷和处理日常公务。二堂的布局有个特点：设在大堂后面的宅门内，坐落于院中院，外面由门禁值守，形成了一处相对独立的内庭院，庭院封闭，显示了民事案件审理的私密性。

吏、户、礼、兵、刑、工六部是县衙必不可少的办事机构，分别按照"左文右武"的礼序，设在大堂左右的廊庑，和大堂、二堂配套，组成了县衙署行政机构的权力核心。知县主管着一县的政令，在民间被称做"父母官"。知县的副职有县丞、主簿。县丞负责管理吏、户、礼部，而兵、刑、工部则由官职为典吏的县的吏员掌管。

在古老的中国封建社会，县治代表着皇权在一方所拥有的至高无上的权力和地位。平遥县衙充分发挥空间和环境的陪衬作用，运用建筑语言恰到好处地诠释了明清县治所遵循的仪礼和权力尊严。

县衙主体建筑自南而北沿着中轴线排列，构成了四进院落，东、西两侧的纵向与中轴线并行，分别建有偏跨院。东跨院内建钟楼、土地祠、寅宾馆、酂（zàn）侯庙、粮厅与官宅花厅；西跨院内建重狱、女狱、轻狱、洪善驿、督捕厅和马号等。既然是

县衙二堂

行使国家权力的官衙，那么所有主体建筑也就采用了中国古建筑里规格比较高的悬山式屋顶，以及斗拱和彩画，并且屋顶的正脊和垂脊庄重简洁，一概不加华丽的脊饰，而斗拱梁枋上的彩画却相当华贵细腻。

县衙大门建在中轴线最南端的台基上，面阔三间，单檐悬山顶，外檐施以斗拱，东侧前檐下放置一面供申冤人告状使用的鸣冤大鼓。大门两旁像所有的官署衙门一样采用砖砌八字影壁墙，以增强衙门入口的气势，同时依照明代旧制分别设立彰瘅（dàn）亭、申明亭。彰瘅亭借以表彰善行，公布处罚和判决告示；申明亭则是按照《大明律》的规定，专事调解民间纠纷之所，以避免和减少民事诉讼。

县衙大门前的左右两侧各置石狮一座，对面隔着街道设有照壁墙，用来遮挡外人的视线，不让外人直接看到县衙内的情景。大门外的东面建有观风楼，与钟

县衙仪门

县衙二堂与
内宅间的夹道

楼毗连，下筑砖石高台，高台上为三间木构单檐歇山式楼阁。以衙门为主体的一组建筑组成了门前广场，布局严谨，错落有致，建筑语言具有强烈的明示作用。它们营造出的是一种门禁威严的氛围，令人望之生畏，怯而止步。

进入县衙大门，并不能直接通往大堂，而要经过设在大门与大堂之间的第二道屏障，这就是特别建造在县衙内的仪礼之门，称做仪门。仪门面阔三间，五檩悬山顶，斗拱三踩，建筑规格较高，平时不开启，出入仅走两侧角门。只有新官到任或者更高官员到来，才作为一种特殊的礼遇大开仪门迎接。根据明代县衙的标准格局，在仪门与大堂之间本应建造戒石亭，亭中的戒石篆刻皇帝颁赠警戒地方官的铭语和"公生明"三字。但在清光绪八年（公元1882年）纂修的《平遥县

县衙大仙楼

县衙彰瘅亭

志》里，却显示此时县衙的戒石亭已不复存在，取代它的是一座四柱重檐的木牌坊。

依照明清两代旧制，知县必须远离家乡五百里异地为官，不得带家眷，所以在县衙的二堂后面仅为知县建造官宅。平遥县衙的官宅和普通县衙并没有什么两样，也是完整的四合院，前有内宅，面阔五间，硬山屋顶，也就是将人字瓦坡屋面的两端檩子砌筑到山墙里边封住。这种硬山屋顶在中国古代建筑里最为常见，等级低于悬山顶。官宅是县令起居、接待上司和处理一般公务之所。内宅居中的一间称做明间，两边称做次间，三间连楹，作为客厅。东、西称做暖阁，为卧室和书房。所不同的是内宅后面的大仙楼。因为清代的官衙一般都尊奉狐仙为守印大仙，而平遥县衙大仙楼的建筑风格别具一格，完全采用当地民居特有的下窑上楼式，底层做成砖券窑带前廊的建筑形式，冬暖夏凉，二层是木结构楼阁，专门供奉守护知县印鉴的大仙。这种建筑布局和建筑风格在国内其他地方的县衙署内十分罕见。然而令人不无惋惜的是，平遥古城申报世界文化遗产之前，除了二堂、内宅、大仙楼和主簿房、赋役房、土地祠、寅宾馆以及宅门内和花园里的古槐树以外，县衙大堂和其他建筑均已不存，直到"申遗"成功以后，才在原址上按照原样逐步复建起来，又重新恢复了昔日的完整风貌。

平遥县衙署所展现的中国明清时期的原貌，是一部用建筑语言书写而成的历史。它所反映出来的不仅是儒家礼制思想的深刻影响和传统的伦理观念，而且体现出了那一时期的政治制度和官吏制度，无论对于了解中国明清县治，还是对于认识中国古代吏制，都提供了珍贵的实物形态和形象史料。

二、中国古代的两种不同居住制度

从西周宣王时期到现在的2800多年里，在平遥古城里始终延续着中国古老的居住制度和生活形态。这是一种充满活力的传统起居文化，也是对不同时代居住制度变革的生动记忆。这座古城现在完整保存的传统起居方式和生活形态主要是明清时期的街坊制。然而在古城的东北隅，也还同时保存着由东壁景堡、中壁景堡和西壁景堡三

平遥古城壁景堡入口

城隍庙壁画佐证了
古城曾有众多里坊

部分民居组成的里坊。平遥民居的里坊与街坊所记载和传承的起居文化，体现了
中国在北宋前后两种不同制度的典型特色。

里坊制度在北宋之前一直是中国的基本居住模式。这种模式由西周时期的
"里"演变而来，形成于北魏平城（今山西大同）时期，到了唐代已经变得相当成
熟，实际上变成了那个漫长岁月城市社区行政管理的一种制度。里坊制以"里坊"
为居住单位，划分和管理城内庶民的住所，并专门设有里坊职官，监督管理庶民

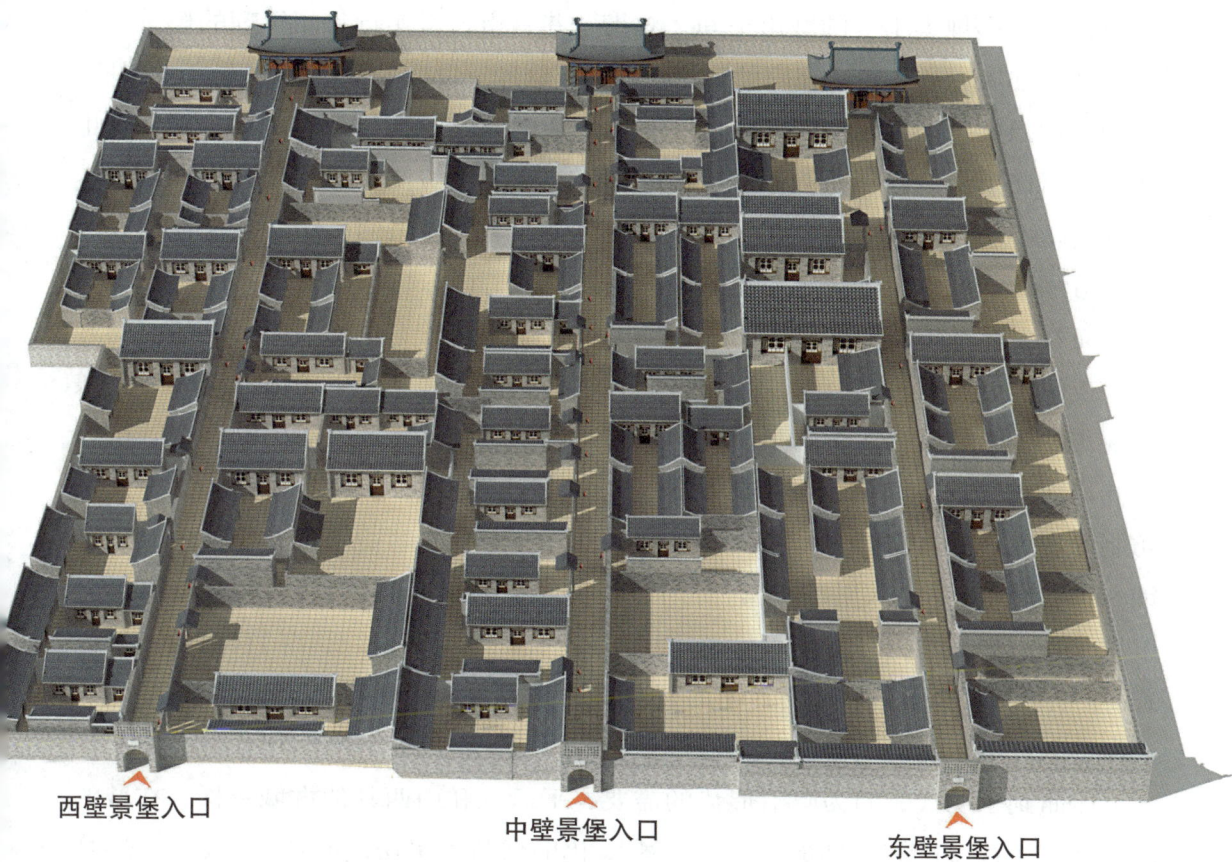

西壁景堡入口

中壁景堡入口

东壁景堡入口

壁景堡里坊制空间布局图

的起居生活，以维护社会稳定。当时在古城里的各种用地均划分为明确的功能区，大都由几道不同层次的重重墙垣围合，城套着城，城套着院，以及大院套着小院，形成许多大小规模不等的城市空间，对街、巷、市、里实行封闭管理的模式。除了城墙和郭墙以外，在城郭内的宫殿、官署、仓库、贵族府第也都筑有高大围墙，为的是加强安全防卫，就连庶民百姓居住生活的院落也同样建有围墙，划分为里或坊的居住单位，分隔而治，实行警戒防范。于是里坊便成了古代城市社区最基层的组织形式，颇似今天设在城市里的居民委员会。古城的里坊必须建在由经纬干道分隔而成的方形地块上。它的四周构筑里垣，出入口只能开设一座里门或坊门，面对主要干道。开启里坊门的钥匙由里正一人掌管，早晚按照一定的时间开闭，夜间实行戒严，街上禁止通行，如有违禁，便要问罪。里坊内分别辟有一条主要街巷，通过设在尽端的里门或坊门与外面的道路连接。里坊内的四合院依序沿巷道两侧排列，每座四合院前设有小路，通过小路才能进入院内的住宅。按照里坊制的规定，里坊内的住户不得直接面对外面的道路开门，也不准在里坊内开设店铺，而且禁止游商进入里坊叫卖。那时进行商品交易的活动必须集中在"市"以内，里坊要和市场截然分开。老百姓进出里坊门和市门，都要接受守门官吏的监督检查。显而易见，这样一种严格封闭的营盘式居住方式和管理制度，只有在落后的农业经济条件下才能得以存在。

然而到了明代，因为政治形势的需要，平遥也和山西其他古城一样，在城的内外修筑了许多围有土墙的封闭式"堡"，仍旧保留着里坊制的特征。据《平遥县志》记载，清代时，古城内还设有文会、忠孝、宣教、里仁、积善、余庆、宣化、德盛、武宁、宣德10坊。而古城东北隅现存的东壁景堡、中壁景堡和西壁景堡，在清光绪年间叫做北京堡，就是中国古代里坊制度的一个典型实例。

壁景堡在平面布局上三堡并列，之间各自独立，互不连通。每座堡内各有一条南北向的主路通往南端的堡门。堡门口便是东西走向的堡外街，分别与东城墙下的马道和西面的窑场街相连。主路的长度分别是170米、300米和290米，宽度均为3.5米。砖砌堡门坚实厚重，颇似三座并排而立的城门。抬眼望去，镶嵌在券拱门洞上的门额字迹依稀可辨。走进主路，只见两侧壁垒高耸，并行的两道屋际轮廓线嵯峨跌宕，一直往北延伸，仿佛与雄伟高大的北城墙连成了一体。在壁景堡保存完好的95处四合院里，民居建筑大都建在清代。从中壁景堡北端残存的碑文看，早年这里曾经建有一座观音堂庙，平遥人叫它娘娘庙。庙的后面还有一眼水井和一处花园。这通碑是清道光二十八年（公元1848年）所立，上面仍有"观音堂年深日损"的字样，说明建庙年代久远。据说在东壁景堡与西壁景堡的北端也曾有过"老爷庙"之类的庙宇，如此看来，当时很可能在每个相对独立的堡内，均有过一座小小的庙院绿地，作为这一封闭社区文化休闲的场所。如今虽然距离那个盛行里坊制的时代已经过去了12个世纪，但是想不到这座古城居然依旧完整地保留着它的形态特征。难怪专家学者们对于平遥古城的三座壁景堡给予了异样的关注，试图借助平遥古城壁景堡的实例解开更多里坊制的秘密。在这里，我们也可以直观地感受和解读中国古代的里坊制，想象和追溯那段特殊的历史，那种特殊的起居文化。

诚然，对于大多数观光旅游的造访者来说，穿行在古城的大街小巷，印象最深的莫过于市井的繁华。从商家店铺的老字号、琳琅满目的幌子、招牌和伙计们的叫卖，不难领略到街坊制所带来的进步与变化。

街坊制与里坊制相比，根本的区别在于它从封闭走向了开放。旧的里坊制度到了晚唐时期已经不适应商品经济的发展，很难满足居住在里坊内的达官贵人和

庶民百姓的消费需要，开始出现了市肆入坊的强烈欲望。商品经济也以其顽强的生命力试图打破旧的定制，悄悄地推动着里坊制度的变革，从未停止过。到了北宋真宗时期，市和坊的界限终于被打破，逐渐取消了里坊制、宵禁制和集中的市场。商品经济迅速发展的结果就是带来了各行各业的丰富商品，开始按行业聚集成街，形成了以"行"为主干的商业网络组织，包括茶楼、酒肆、瓦子、客栈在内的服务行业应运而生。商家纷纷沿着主要街道开门设点，直接与消费者见面。于是行业街市相继出现，就连坊巷内也都有了销售各种日常生活用品的店铺和酒肆、茶坊，以供居民之需。东京汴梁甚至有了夜市，通宵达旦从不间断。直到今天，我们对于北宋汴梁呈现出的车马行人摩肩接踵，酒楼店铺百肆杂陈的景象和"百家技艺向春售，千里农商喧日昼"的繁华，仍旧可以从北宋画家张择端的传世之作

（宋代）张择端《清明上河图》局部场景

南大街两侧店铺林立

《清明上河图》中窥其一斑。

　　现在我们已经无从考证北宋时期平遥古城街坊制的情形。然而展现在我们面前的却是承袭这种街坊制并将其推向极致的明清时期的盛景。明清时期，平遥城内类似壁景堡那样的营盘式居住方式已经基本废除，实现了街坊制度的改革。300多处四合院大多数把院门直接开在了主、次街道和巷道上。四大街、八小街，街街都有店铺和作坊。不仅商店行的粮、油、米、面、盐、肉、果、菜、烟、酒、木柴、煤炭、南货、棉花、绸布、颜料、织补、皮货、酒肆、茶馆、典当、钱庄、镖局、拔牙、点痣样样俱全；而且作坊行的剪纸、绣花、裁缝、成衣、灯笼、竹帘、制绳、打铁、木匠、弹棉花、塑纸神、制线香、锯木坊、漆匠坊、酿酒坊、书画装裱无所不有。再加上客栈、货栈、药铺郎中、剃头理发、修鞋补掌、锔碗补缸、

相面算卦等等，可以说三百六十行，行行都与庶民日常生活息息相关。这些店铺和作坊都将临街民居大院的门厅、倒座改建成了商业铺面，并且大多采取前店后宅或者前店后坊的方式，把居住、加工与买卖经营结合在一起。特别是到了清代，平遥古城中的"土"字形商业街完全形成。城隍街、衙门街、南大街、东大街和西大街的沿街商店作坊更是绵延成线，各式各样的字号牌匾、商品幌子招摇于街市，琳琅满目，令买卖人和顾客目不暇接，渲染着街坊制带来的市井繁华。

无论里坊制，还是街坊制，都是我们祖先的伟大创造，在中国古代历史进程中发挥过积极作用。两种不同的居住制度不断丰富了我国古代的规划思想，也对近代社区组织形式产生过深刻的影响。纵观半个多世纪以来我国居住区、小区、商业街、商务中心建设，规划结构与规划方法经过了无数次演变，但是万变不离其宗。今天，当我们看到各种形态的居住社区和商贸街市的时候，特别是走进老城区和商业街，依然可以从中寻觅到古代中国居住制度留下的旧踪。

三、完整保存明清格局的历史街区

徒步古城，不管在哪里，所见处都是青砖庐舍，庭院高深，街巷齐楚交织，门楼比肩而立。老旧的房屋大多过了百岁，灰砖、青瓦、立柱、檐廊、雕刻及彩画已然失去了昔日的光彩，处处浸透着沧桑、质朴、平实的淳风古韵和岁月沉淀的历史感。倘若驻足城头俯瞰，更见灰墙瓦顶鳞次栉比，组群院落起伏跌宕，纵横延展，伸向天边。整座古城就像是一座规模宏大的民居博览馆。如果不是身着时尚服装的人群和那些穿梭在街巷中的电瓶车、摩托车、自行车，或许真会令人感

凌空的艺术

古韵生动

觉时光倒转。在平遥古城徜徉，总会产生一种怀旧心情，让人在浓郁的历史氛围中浮想联翩，去仔细品味和解读古城蕴含的历史文化。

在平遥古城申报世界遗产以前曾经做过详细调查：古城里保存着3797处明清时期的民居院落，其中有400多处保存相当完好，而且还整体保留了传统的街巷格局。这些历史地段保存文化遗产丰富，能够比较完整地反映一定历史时期传统风貌，在国际社会文化遗产保护中被称做历史街区或者历史文化街区。

像平遥这样，在面积为2.25平方公里的古城内，至今还保存有如此完整格局的历史文化街区，在中国已经仅此一例。由于历史沧桑巨变，元代和元代以前的

街巷格局形态和民居院落在国内早已荡然无存，现在保存下来的街巷格局和民居院落基本都在明代以后形成，而民居建筑主要建在清末民初。虽说迄今为止异彩纷呈的传统民居遍布全国各地，但都比不上平遥古城拥有如此大的规模。这座古城的历史街区和它的传统民居形态、建筑艺术，不仅典型地代表了中原地区汉民族古代起居生活特征，而且充分反映了中国古代社会的宗法制度、居住制度与伦理观念。如同鲜活的社会微缩景观，透过古城遗存的历史文化街区，人们不仅可以看出它在明清时期的空间结构形态，而且还可以感受到古城延续千年的起居生活方式及其所蕴含的绵长厚重的历史文化。正因为如此，平遥古城的历史街区才产生了令人神往的魅力和弥足珍贵的价值，就像街区的主人是古城社会的主要群体一样，他们世代栖居生息的历史街区也自然成为这座古城建筑群落的主体，是申报世界文化遗产的重要组成部分。

现在人们已经很难具体描绘出古代历史街区的沿革，只知道在中国建筑史上，民居的产生与发展经过了漫长的演化过程。随着北宋时期出现了街坊制，以街坊为主要特征的历史街区逐步代替了里坊制，民居建筑也相应发生了很大变化，到明代时开始发生了重大转折。明代在继承唐宋住宅制度的基础上，民居建筑转向了定型化、程序化，等级与尊卑观念更加根深蒂固，制度更加系统森严，建造技术也更加规范精致。明代以后的历史街区因为具有了更大的开放性和兼容性，故而使居住功能与商业功能结合，给街区的起居生活不断注入了活力。

平遥古城的历史街区由中原地区常见的合院形式构成，以四大街、八小街和七十二条蚰蜒巷作为经纬脉络，把民居院落分成了几十个大小不一的街坊和里坊，又把它们有机串联在一起。当地老百姓将这些街巷形容成八卦街。街区采取多重组群院落结构，严谨规整，延续着古城传统的空间肌理。宅院群落庞大，气势恢宏，空间有大有小，有开有合，既有纵深延伸，又有横向扩展，疏朗有序的庭院与嵯峨起伏的屋脊、墙面虚实对比，创造了历史街区疏密有度、层次叠变、空间组合富有韵律的立体轮廓。

由于古城的兴盛得益于明清时期晋商崛起，尤其在清代中叶以后，随着金融业兴起，平遥的商业贸易空前繁荣，这时早已完成了初期资本积累的平遥商人行商全国各地，拥有了雄厚的经济实力，因此在荣归故里、耀祖光宗的传统观念支配下，纷纷投入巨资置买房产土地，大兴土木，修宅扩店，重整家园，大大刺激了平遥建筑业的迅速发展，也使平遥的建筑营造技术发生了质的变化，民居建筑创作进入了巅峰。明清时期晋商尊儒崇经的文化取向成为一种社会时尚，对平遥

古城幽静舒适的街巷

巷口采用木牌楼分隔空间，使街巷景观更富层次感

古城的历史街区产生了深刻影响。

为了适应古城居住和商贸的不同功能，棋盘式的街巷路网主次分明，四大街纵横南北，贯通全城，主要满足商贸交通要求。八小街分布在街区，虽与四大街相连，却并不形成环路，街巷之间大都采取丁字形交叉，有意使人车畅而不通，避免了过境车辆和商贩对居住环境的干扰。而城内七十二条宽窄不一的巷道自由蜿蜒布局，除了与大街或小街采取丁字形交叉以外，基本上都是尽端路，造成一种曲径通幽的环

小巷幽深

境效果。这是因为在古代，老城内的建设并不是先修好所有的街巷，才在街巷的两侧安排建房，而是在确定了主次街道走向以后，小的巷道随着房屋逐步建造，按照棋盘式格局自发形成，自由延伸。于是房屋的外墙往往就是巷道的路界，便出现了小巷弯弯和狭窄崎岖的不规则布局。而在平遥古城，则产生了七十二条蚰蜒巷形如龟背纹的奇特现象。

晋商尊儒崇经对历史街区的影响反映在传统民居，是严格按照古代宗法制度与礼序规范，追求居家之所方正、均衡，布局紧凑严谨，有明显的纵向轴线。院落平面布局突破了简单的一进院和二进院形式，创新了纵横双向多元组群风格。在起居生活上则秉持尊卑有序、男女有别以及长幼区分的伦理观念，合族聚居，建筑配置主次分明，井然有序。

老街晨曦

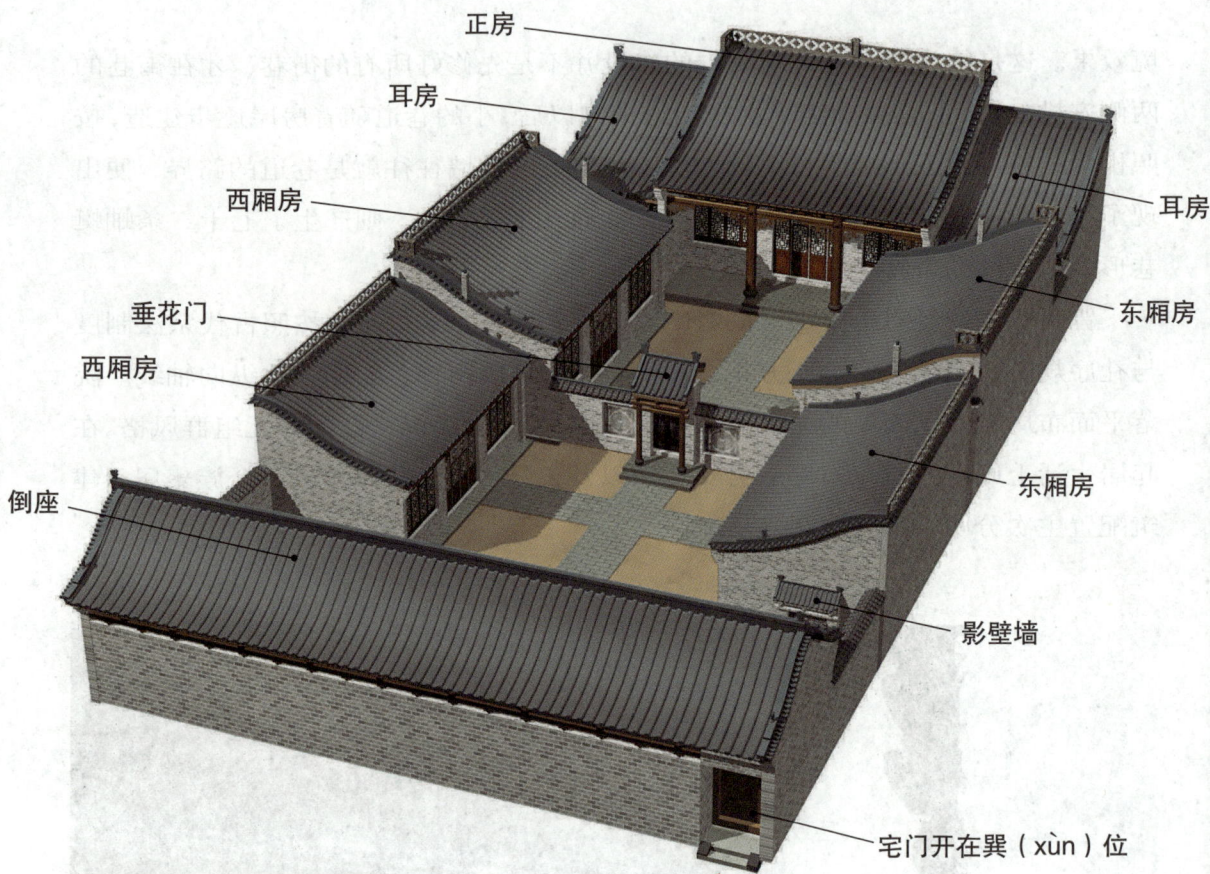

正房

耳房

西厢房

垂花门

西厢房

倒座

耳房

东厢房

东厢房

影壁墙

宅门开在巽（xùn）位

二进院民居

　　平遥古城坐落在中都河（今柳根河）与惠济河的冲积扇上，地势平坦，适宜合院建筑纵向延伸或横向扩展。合院建筑最基本的形式是一进三合院与一进四合院。在保存完整的大片历史街区，除了这两种基本形式以外，还演变出了纵向多进式串联、横向多跨式并联以及纵横多进多跨混合的多元组群院落。但是院落在

正房
耳房
西厢房
过厅
过道门
西厢房
倒座
宅门
耳房
东厢房
东厢房

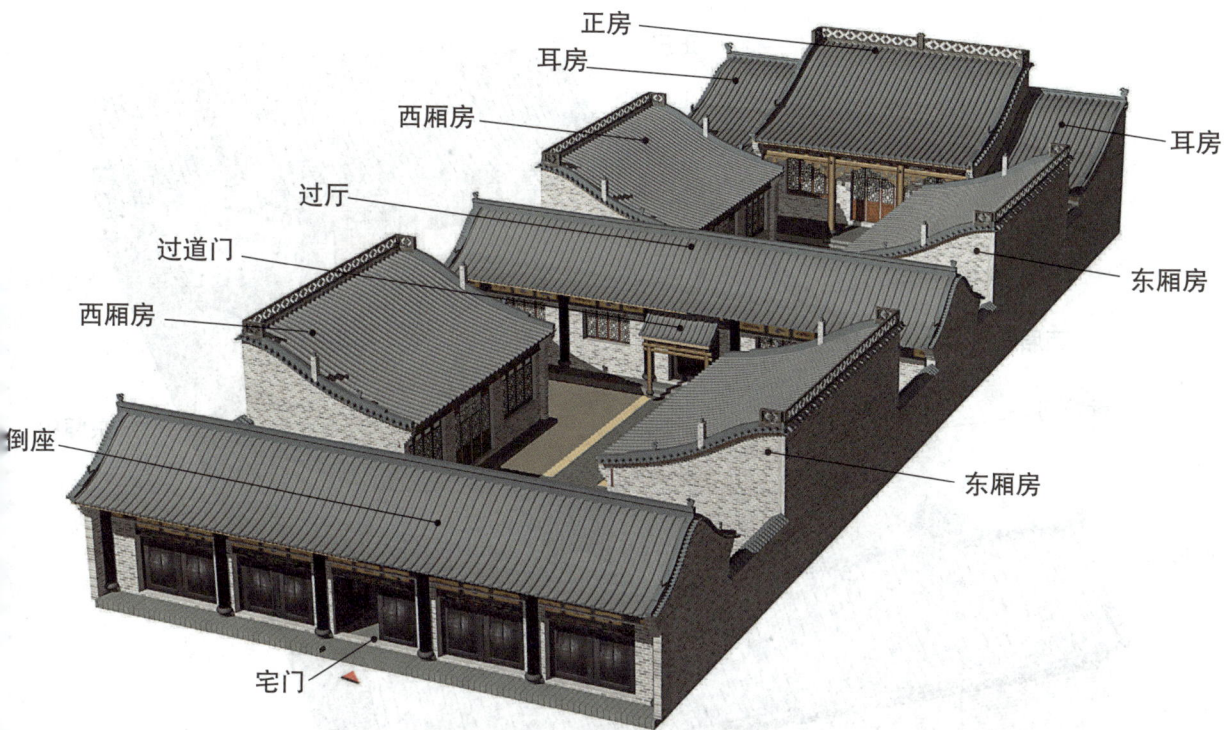

二进穿堂楼院民居

街区建造的位置和形式选择却有着明显的尊卑等级区别。在平遥古城，一进三合院和一进四合院大都属于寻常百姓的居家之所，寒门贱户因为家境并不殷实宽裕，故而建在历史街区偏离繁华闹市的小街小巷，只图封闭安逸，不为世扰。相比之下，商贾财东和有些功名利禄或者经济富足的人家则不然，他们往往拥有豪门大

正房

耳房

西厢房

垂花门

东厢房

西厢房

垂花门

东厢房

倒座

三进院民居

宅门开在巽位

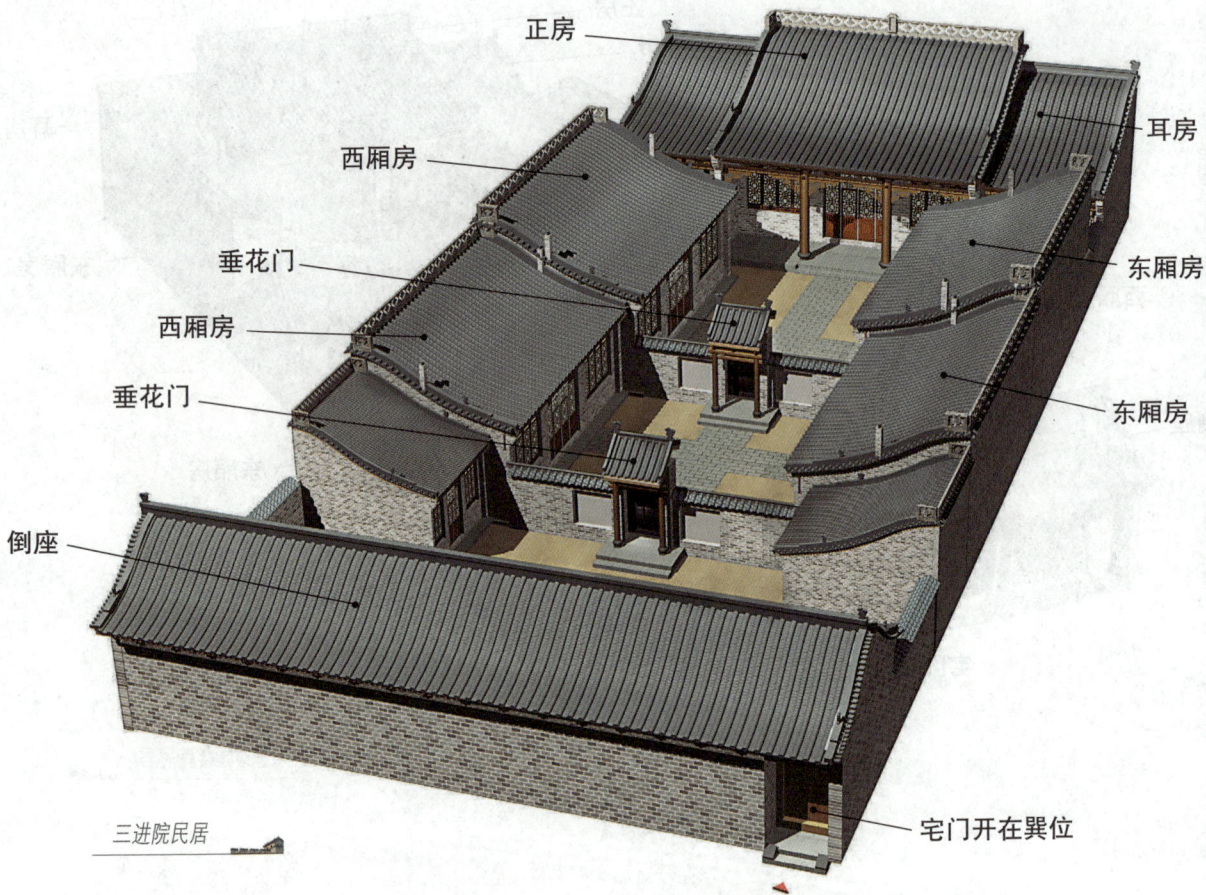

宅，既是为了居家生活的需要，也是作为财富和地位的象征。这些豪门大宅通常占据着古城最繁华热闹的地段，高墙围合，临大街而建。最常见的大户人家采取纵向串联、横向并联或者纵横混合组群的方式，至少建成二进院或者三进院，还有不少在二进院或三进院的两侧，与纵轴方向平行，增建偏跨院。偏跨院的格局

单进四合院居民建筑

与主院基本相同。于是这些院落的形式便呈现出了"日"字、"目"字以及"田"字等多种空间组合形态。按照传统的四合院做法，沿着南北向中轴线层层递进，以内院门、矮墙、过厅分隔组合成纵深的庭院空间，一方面在合族起居生活中，满足了尊卑长幼有序、内外区分有别的居家安排，另一方面也使得地处繁华地段的豪门大宅虽居闹市，却坐拥庭院幽深的宁静环境。这些民居外观纯朴浑厚，平实无华，毫无张扬之嫌，却又内藏儒雅之秀，细腻华美，巧夺天工。

对于那些拥有万贯家财的商贾巨富来说，建造的宅院比起其他大户人家更加恢宏阔绰。不过他们向来尊儒重文，自诩儒商，通晓宗法戒律，深谙官场世事，自然懂得历朝历代帝王官宦都把建筑作为一种权力和地位的标志，对建筑的规格有

保存完好的二进院落的垂花门

着尊卑等级划分，还专门制定有严格的住宅制度，违者将会因此获罪。所以精于经营的山西商人从来不敢随意提高民居建筑的规格，扩大开间、进深和建筑体量，而是私下模仿王府官邸的做法，巧妙地运用多元组群的方式，采取将一座座三合院、四合院纵向串联，横向并联，纵横混合，组成多重套院，从而彰显出大院主人卓尔不群的品级地位。纵向串联有助于合院沿中轴线延伸，层层递进，通过合

院空间的开合、大小、宽窄、尺度与建筑形体的变化，区别院落空间和民居建筑
的主次、内外和等级，体现它们的使用功能；与此同时，和这组主要院落的纵向
中轴线平行，左右横向并联，扩展出偏院或跨院，组合成多重、多轴线的建筑群，
既可用作主人的书斋花园、亲属客房及财物储藏，也可用于仆人伙计起居生活，以
及停放车马，饲养牲畜，安置磨碾。这种纵横混合组成的民居套院比起一进合院，
明显胜出几筹，是山西晋中地区传统民居的经典之作。这些晋商大院在历史街区
往往占据着最抢眼的位置：层楼叠院，高墙耸立，各式屋顶错落有致，展示出峰

小院人家

大户人家门前的拴马柱与上马石

升谷降、连绵起伏的街道景观轮廓。砖、木、石雕装饰的大门制作工整精美，自上而下配置门额、门簪（zān）、门钹（bó）、门联、门枕石等装饰物，有些大院的门口还立有拴马柱，放置上马石，显示出了晋商大院的富有与高贵。在平遥古城现存为数不多的拴马柱里，柱顶石雕都是猴的造型，或一猴独处，或二猴叠立。据说取材于《西游记》里玉皇大帝封孙悟空做"弼马温"，以猴之灵性挟制天庭御马。而晋商大院采用这样一种民间艺术形式，不仅寓意着避除马瘟，更主要的还是表达了对中国儒家文化所推崇的"马上封侯"和"辈辈封侯"的理想企盼。

平遥的大院一座连着一座，整整齐齐排列在街坊里，与高墙壁立夹峙的一条条小小巷道在街区空间上形成了虚实、大小、线面和光影效果的强烈对比，把历史街区的传统肌理勾勒得格外清晰，也将中国传统合院建筑内敛封闭的特点表现无遗。

现如今走进平遥古城，依然到处可以看到保

古城内民居大院一座连着一座

存完整的历史街区。素有明清商业街之
称的南大街、东大街、西大街、城隍庙
街和衙门街自不必说，就连沙巷街、马
圈街、石头坡街、范家街、书院街、仁
义街、仓巷街、关帝庙街、火神庙街、
鹦哥巷、东郭家巷、西郭家巷、北巷、
米家巷、东壁景堡、中壁景堡、西壁景
堡这些游人很少涉足的地段，也都原封
不动地保存着那个久远时代留给平遥的
街巷格局和传统风貌。在这些街区里不
乏书香门庭、商人故居、绅士宅第与小
康人家。其中雷履泰和侯王宾的故居便
是实例。

　　雷履泰是日升昌票号的第一任大掌
柜，也是中国金融汇兑业务的创始人，
家财丰厚，精明过人，在平遥商界深孚
众望。他的家在书院街，建于清道光年
间，坐北朝南，由中院、东院、东偏院、
西偏院组合而成，占地面积总共3888平
方米。中院为故居的主要院落，因用地
局限，前后不过两进，于是采用平遥典
型的三脊两院过道厅式结构布局，里、

街巷屋脊轮廓

外院的东西厢房均三三对应。并按当地风俗，建成轿杆式院落，在中院东西厢房后墙外，分别留出狭窄夹道，寓意两根抬轿的平行轿杆，让过道厅堂"坐"在花轿上，象征雷氏家族的荣华富贵、吉祥兴旺。由于中院两侧建了夹道，因而也使得东、西院各自独立，自成格局。东院由两道内宅门分隔为三进院落，和东院一墙之隔的东偏院置有车棚、马厩，堆放杂物。西偏院虽然略显狭窄，却是雷氏家族的宗祠所在，命脉之根。故居宅院布局合理，设施齐全，用材硕大，坚实牢固，砖、木、石雕装饰考究精细，但绝不崇尚奢华，展现出了故居主人博弈商海的雄

古城传统民居风貌

雷履泰故居

才大略和稳健务实的人格魅力。

侯王宾一生从事票号金融业，在天成亨票号做过总号大掌柜。他生活的年代比雷履泰晚，据说继雷履泰之后也曾在商界独领风骚，并捐得"诰授直奉大夫晋封朝仪大夫光禄寺署正候选"官位，所以兼有了官与商的双重身份。侯王宾的旧居位于沙巷街北段的一条东西向尽端巷道。巷道宽阔，端有照壁。这组故居由上院、下院、书房、祠堂、车马院、花园连成6座功能各不相同的宅院，既相互连通，又相对独立，分两组坐落在巷道南北两侧，门户相对，均为拱券式门。大门前置上马石和拴马柱。巷道以条石铺墁。仅此一组豪门大宅便足以撑起沙巷街区的门面。

类似雷履泰和侯王宾故居的名门望族和商贾乡绅的大院还有许多，诸如侯殿元、赵大第、范治、王沛霖、王尽廷、宋梦槐、张鸿图、阎清龙、高鸿升、冀氏老宅等。这些深宅大院如同星罗棋布的珍珠镶嵌在平遥古城各个街区，散发着夺目的光辉，使街区的完整格局更加宏阔壮观。

雷履泰故居大门　　　　　　　　　　雷履泰故居正房楼梯

第四章
中原汉民族起居形态活的标本

　　中国的古城幸存下来的并不多。而在平遥古城2.25平方公里的范围内，却还奇迹般地保存着古城完整的格局与风貌，尤其难能可贵的是，在这里人们还能真实地感受到中原地区汉民族的传统起居形态。

　　古人云：食饮有节，起居有常！很早以来，起居，或者起居生活，便是我们祖先对日常生活的雅称。显而易见，既然是起居生活，那就离不开赖以栖身的居所和器具，也离不开生活的环境。当然，最重要的还是活跃在起居生活大舞台上的人。人有思维，有各种各样的观念意识，于是在满足了栖身生息的人生基本条件之后，还会产生更高层次的精神需求。如此一来，就使起居形态具有了物质和精神的双重属性。

　　依附于物质生活的是精神生活，表现为文化的形式与内容，相对于起居生活而言，则是独具特色的起居文化。无论居住制度、民居形式，还是民居建筑的结构和构思，包括屋顶、脊饰、瓦当、门窗、梁柱、石础、螭（chí）头、悬鱼、檐廊、隔扇、照壁、垂花门、门额、木雕、砖雕、石雕、彩绘、窗花以及居家生活的床榻、桌椅、衣柜、屏风、铜镜、炉台、烛台、灯、伞、车、轿等等，不一而足，都是起居生活和起居文化的组成部分。

　　中国是一个幅员辽阔的多民族国家。各个历史时期，各种生态环境，各类经济社会，各式起居习俗与行为轨迹，以及不同的民族文化和地域文化，这些错综复杂的因素造就了起居生活的多样性，使起居文化变得丰

富多彩。在长江以北，合院式传统民居是中原地区汉民族的伟大创造，也是千百年来的一种普遍居住形式。这种民居按照古代礼制规范，把若干单个建筑组织在一起，围合成社会最基层的家庭单位，从而构筑了一方属于自己家庭才得以共享的天地。在院落的空间形态和伦理观念上，严谨布局，主次分明，中轴对称，尊卑有序，成为中国传统民居建筑和起居形态的一大靓丽景观。

平遥古城的传统民居不仅具备了中原地区汉民族合院式民居的所有共同特征，而且创造了鲜明的个性。例如狭长的院落空间、外雄内秀的建筑风格，穿堂式楼院和过厅，下筑窑洞上建楼阁的正房，平屋顶上的风水楼、风水墙，厢房和倒座采用单坡屋面形成高墙围合成深宅大院，随处可见的屋顶脊饰、山墙墀头、檐廊镂空雕刻的雀替，以及中西合璧的装饰、南北融合的元素等，充分展现出平遥人在行商天下的打拼中，尊儒崇经的风尚和兼收并蓄的包容。

中国的传统建筑不仅重在使用功能，而且对建筑装饰也相当考究。明清时期随着四合院日臻完善定型，富可敌国的平遥票号商也将传统的起居文化和建筑艺术推向了极致。他们衣锦还乡，重振故里，在大兴土木，建造民居上可谓极尽财力，穷其能事，运用各种木雕、砖雕、石雕、彩绘艺术手段和吉祥图案，画龙点睛，把民居建筑上最富表现力的屋顶脊饰、檐廊雀替、门窗隔扇装饰得广奢华丽，使这方小小的起居天地处处洋溢着浓浓的文化意蕴，弘扬着一脉传承的道德伦理，寄托着求吉纳福、人寿家兴的美好愿望。

直到现在，仍旧生活在城里的老百姓，连同中原地区汉民族的合院式民居、各式明清家具、生活器具、室内摆设等等，在平遥古城几乎都能找到传统的起居形态原型。所有的一切都还保留着当时的老样子，而且保存数量之多、范围之大、品位之高，均为国内所罕见。

一、恪守儒家礼制规范的合院民居

　　中国的传统民居建筑特立独行，自成体系。它们的主流是木结构，其中建造房屋木构架称为"大木作"，建筑木装修和木制家具称之"小木作"。这类建筑具有两大显著特征：一是采用木制框架结构作为建筑的承重系统，通过墙体围合来划分室内空间；二是无论多么宏大复杂的建筑群，单体建筑的平面构成形式比较单一，而群体组合严谨规整又不失变化。在幅员辽阔的国土上，各地民居建筑之

侯殿元旧居

所以异彩纷呈，主要由于民族文化和地域文化千差万别。到了明清时期，随着民族和地域不同，民居建筑在结构、布局、装饰风格上产生了很大差异，汉族的传统民居也因此分成了南北两大区域，这就是以中原为代表的北方区域和以江南为代表的南方区域。平遥古城的传统民居便是汉民族中原地区民居建筑的杰出范例，具有鲜明的地域文化特色。

平遥古城现在保存下来的传统民居大部分建在清代。然而这些民居都是在原来老的宅基地上经过祖祖辈辈翻修或者重建，仍旧保留着明代时形成的街巷格局与合院式风格。说它们反映了明清时期的民居特色，一点也不过分。

合院式民居是中国传统民居最常见的形式，发展到明清时期，能够在四合院内居住生活，被认为是最完美、最理想的起居方式。四合院是由纵横四向垂直对应的房屋围合起来的庭院式民居。院落四周利用实墙与外界隔绝，通常只开一处宅门出入，具有内向性和独立性，不仅给院落的主人营造了舒适静谧的起居环境，而且院落封闭，有利于安全防御。这种以血统为纽带合族聚居的方式之所以成了汉族民居最基本的家庭单元，是因为这种方式最适宜按照中国古代的宗法制度和伦理观念组织家族的起居生活。四合院民居多数坐北朝南，使

（清）《钦定书经图说》中的大木作图

主要居室取得好的朝向和日照。院落居中，通过建在纵向上的房屋正脊中点、明间门扉、台阶、步道与内宅门，构成了一条控制院落平面布局的无形的中轴线，沿着中轴线布置不同功能的房屋建筑，并使它们的位置、体量、高度、屋顶、造型和外檐装修完全均衡对称。

在中国古代，几千年传承下来的家庭形态都是家族式的数世同居。在四合院的房屋分配上，严格恪守着尊卑有序、男女有别，以及长幼、嫡庶、贵贱区分的礼制规范。四合院的主要居室坐落在中轴线的北端，建筑高大舒适，称做正房、北屋或者上房，供家族中辈分最高的长者居住。因为在等级森严的封建社会里，庶民百姓的居室面阔不准超过三间，所以为了规避律法，人们便巧妙地在正房山墙两侧分别建有比较矮小的耳房，通常用来存储杂物。

院内沿中轴线建在正房左右两侧、门窗相向对称的房屋是东厢房和西厢房，用于晚辈子孙起居。按照古代"左为上、右为下"的礼序，通常嫡长子被安排住在正房左侧的东厢房，庶子住在右侧的西厢房。位于四合院中轴线南端的房屋，因其坐南朝北，门窗与正房的门窗相对开向庭院，故而

变化丰富的院落空间

称为倒座，也有的地方把它叫做南屋，一般作为书房、客厅和餐厅，或者安排辈分比较低的家人居住。由于宅院大门是划分院落内外空间的界野屏障，因此在位置与朝向的设置上特别讲究。汉族居家风水历来就有"坎宅巽门"之说，认为"宅之吉凶全在大门"，将坐北朝南的宅院视为"坎宅"，属于上吉，规定宅院大门的位置也要趋吉避凶，不可开在被称为"鬼道"的院落东北角和西南角，其他方位均可开设。其中以开在东、南和东南角为宜，而最佳的选择是在东南角，也就是建筑风水理论中所说的巽位，而在院落的西南角常常建有厕所和猪圈。只有这样布局，居家生活才人丁兴旺，大吉大利。

一进院是四合院的基本形式。其他形式的多进、多跨、组群院落都是从一进院演变出来。比如常见的二进院，是与东西厢房的南墙平齐，建一座内宅门，将庭院分隔为前后院，前院较浅，可以接待外人，后院较深，外人非请莫入，显示

千变万化的屋顶花墙

狭长的
民居院落

出内宅庭院的私密性和神秘性。如果是三进院，那么还要在二进与三进之间再建一座内宅门或者过厅，连通二进院与正房。这时的过厅就兼有了书房和客厅的功能。

在北方古老的城市中，棋盘式的街巷格局也使许多四合院建在街巷路南，呈坐南朝北布局。这些四合院在房屋配置的等次序列上与"坎宅"规则大体相同，只不过以大门前的街巷为轴，反向对应建造，而将大门开在宅院的西北角。

从平遥古城的传统民居中，人们能够找到汉民族中原地区明清民居的全部特征，而且这些民居有着很强的地域特色，体现了独特的建筑个性。

北京四合院是中国典型的合院式民居。和北京四合院相比，平遥的四合院没有那样舒展畅阔，那种天子脚下的雍容大气，而是南北狭长，庭院长度一般都超

过了庭院宽度的2倍，院落布局相当紧凑。因受用地限制，一些合院的正房建成了二层，东西厢房的后墙直接靠着街巷，屋宇高耸，显得庭院格外狭窄纵深，或者东西厢房后墙紧靠邻院厢房的后檐，使院落连成一片。院落如此布局，自然与平遥地处北方黄土高原有关。这里的海拔在754.8米到762米之间，冬季盛行西北风。古城的纵轴略微偏向东南，把民居院落建成南北长、东西窄的形状，不仅有利于接受东南风，满足阳光日照，而且也有利于减少夏季酷暑时节太阳西晒时间过长，同时还可以避免冬季西北风直接吹入院内，院落空间因地制宜，一举多得，恰恰为了适应当地烈日暴晒和御寒防风的特殊需要。

由于地缘政治的原因，山西自古以来就是兵家必争之地，战事频繁，战火袭扰，盗贼土匪趁机滋事，常常导致居家生活动荡不安。平遥古城位于交通要冲，为了门户安全，一改北京四合院建筑采用人字形两坡屋面的做法，特意把所有后墙临街的房屋做成了朝向院内排水的单坡屋面，而且房屋的后墙一律不开窗，平直耸立，把墙体的高度升至屋脊，大大增加了盗贼土匪飞檐攀爬的难度，提高了宅院的防范能力。同时黄土高原干旱少雨，滴水贵如油。在素有经商传统的平遥，人们更是把水看成财。四周单坡屋面围合的庭院很容易形成小天井，起着"聚财"的作用，一旦下雨也能做到"肥水不外流"，还可以利用庭院内的大缸盛装雨水，防火灭灾。临街后墙不开窗，不露外檐，相邻合院民居一旦出现火情时，也减少了火势向自家房屋蔓延。民间有一个说法："山陕一大怪，房子半边盖"。就是指这种面向院内倾斜、单坡屋面的民居。平遥古城传统民居院落狭长、高墙壁立的建筑风格成了有别于其他北方民居的显著特征。建筑巨匠梁思成先生曾把平遥民居的特征精辟地概括为"外雄内秀"。足见平遥民居非同凡响。

一座比较理想的平遥三进式四合院多由大门、倒座、垂花门、过厅、正房和

木雕门楼式六柱宅门

屋宇式木雕门楼

屋宇式砖雕门楼

垂花雕饰拱券石阶门

垂花雕饰拱券大门

砖雕门楼式四柱宅门

前院、后院的东西厢房组成，非常适合中国传统的尊卑、老幼、男女、内外区分有序的礼法需求。

宅院大门是家庭和家族的脸面。宅门大小，门楼高矮，形象或亲切迎人，或富丽堂皇，或庄重高贵，或含书卷之气，都代表着这个家庭或家族的门第高下、门风俗雅。通常大院主人地位的高下和财富的多寡，只要看宅院大门便一目了然。平遥古城的居民与北京的居民虽然同属合院式，但是却没有像北京那样使用广亮大门、金柱大门和蛮子大门，而是普遍采用门楼式柱门和拱券门，也有少量屋宇式如意门。门楼式的柱门直接开在倒座边的墙壁上，在大门的上方做木制门楼或砌砖门楼的式样。上有正脊、垂脊、吻兽、垂花柱等装饰，分为四柱门、六柱门两种。拱券门多设于有车马进出的院落入口，在门洞上方用砖石砌成弧形，门洞内

福禄寿砖雕跨山影壁墙

独立式五蝠捧寿砖雕照壁

跨山影壁墙上的土地龛

跨山影壁墙上的门神龛

装置两扇用整块木板做成的版门。如意门是在前檐柱之间砌筑砖墙，墙的居中部位留出一个门洞，安装木门。门口上方的两个门簪通常刻有"如意"二字。这种宅门在等级上比墙垣式门高，而低于广亮大门、金柱大门和蛮子大门等其他屋宇式大门，可惜的是如今在平遥古城内大都被拆毁。

无论是哪种门，门楼式在门洞走道上方一般都铺设木制楼板，在楼板上储放杂物。门洞前造垂花门楼，镶嵌彩画门额，门洞采用方砖墁地。门外安置雕有小狮、麒麟、五蝠捧寿、马上封侯和花卉、动物、寿字图案的各式门枕石，比较常见的多为抱鼓石和石狮。除了通行车马的拱券大门外，垂花式门楼前砌有数级石阶，做成如意踏跺的式样。多数人家将门设在院落东南方向，占据倒座一间，使宅院入口正对厢房南端的山墙，避免外人视线直通院内。进门以后，左转折西才

能到达前院。山墙上或砌筑大型砖雕照壁，又称跨山影壁墙，以砖雕装饰吉祥图，或设置神龛供奉土地和门神。也有大户人家将宅门设在院落中轴线南端，从建成的倒座底层中间穿过，进入前院，形成只有在山西晋中地区才能见到的穿堂楼院式大宅门。传统的宅院大门多由两扇木门组成，在两扇门的上半部各装有铜制的兽头门铍，也叫兽头辅首。在门被上设有厚实的硬木门闩。木门下方固定一道一尺多高的门槛。

这种人家的倒座建筑其实只有一层半，高度比正房低，上面半层不住人，通常用来存放杂物。倒座的门窗开向前院，和垂花门相向而对。有些人家在前院建东、西厢房，也有很多人家不在前院建厢房。

垂花门是明清时期比较流行的一种庭院宅门。这道门建在庭院的中轴线上，起着分隔和联系外院、内宅的作用。

在封建社会，成年男女是不能随便接触的，有着严格的仪礼限制。孟子曰："男女授受不亲，礼也。"男子料理外面的事务，而女子则主持家庭内务。到了宋代以后，这种礼制规范更加森严。司马光在《涑水家仪》中说："凡为宫室，必辨内外，深宫固门内外不共井，不共浴室，不共厕。男治外事，女治内事。男子昼无故不处私室，妇人无故不窥中门。男子夜行以烛，妇人有故出中门，必拥蔽其面。男仆非有缮修，及有大故，不入中门。入中门，妇人必避之。不可避，亦必以袖遮其面。女仆无故，不出中门，有故出中门，亦必拥蔽其面。"还有一本写于南宋时代的百科全书《事林广记》，对日常起居生活形态也都有详细描述，在民间广为流传。书中同样说："男治外事，女治内事。男子昼夜无故不处私室，女子无故不窥中门，有故出中门，必拥蔽其面。"可见传统合院民居里的中门是区分内外的一道不可随便逾越的红线。人们通常说闺房淑女"大门不出，二门不迈"，这二门即是

分隔外院和内宅的垂花门

别样的二门

四合院的中门，也就是垂花门。

　　所谓垂花，是指门楼上的前檐柱不直接落地，而是通过梁架与门柱十字相交的技法，在悬挑的梁头下面设垂莲短柱，形成垂花的造型。在平遥古城寻常百姓人家的四合院中，造型美观、装饰华丽的双柱式单卷垂花门最为常见。有钱人家经常建造四柱或六柱式单卷垂花门。这种垂花门采用歇山顶，面向前院的屋顶安大脊，门柱与前、后院分界的厢房山墙平齐，前檐柱之间装有两扇用格状框架镶板的棋盘门，下置方形门枕石或者抱鼓石，背面柱中间安装两扇或四扇屏门。台

大脊

悬山屋顶

垂莲柱头

前檐柱

四扇屏门

两扇棋盘门

门柱

抱鼓石

如意踏跺

六柱式单卷垂花门构造

屋顶烟囱　　　　烟道　　　　灶台

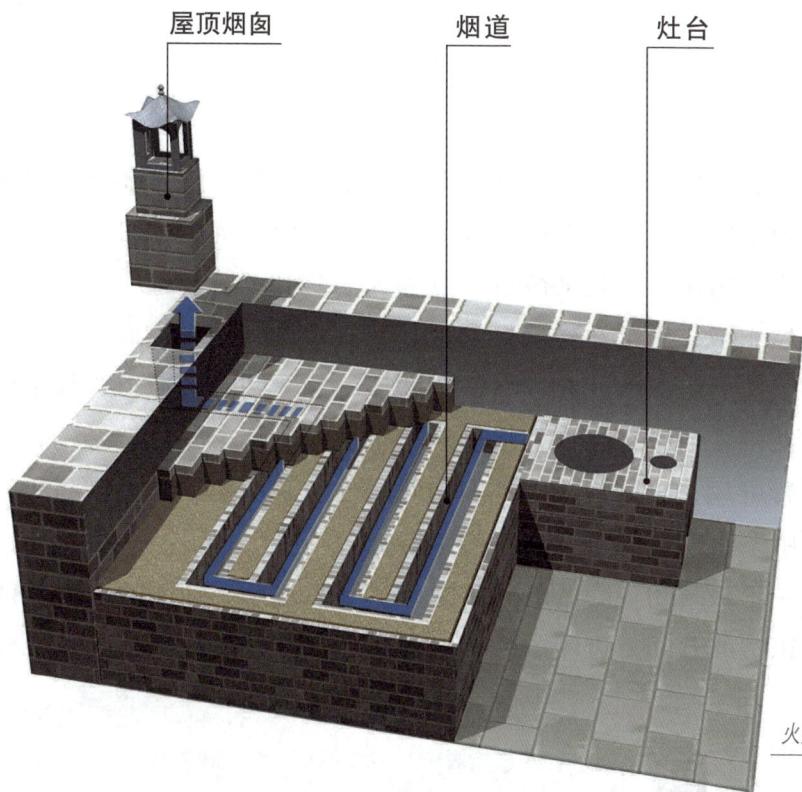

火炕取暖构造示意图

古色古香的窑洞居室

明内设有三面均可上下的台阶，又称如意踏跺。平时四扇屏门紧闭，进出只走两侧，只有在女眷上下轿、婚丧嫁娶或者迎接贵宾高朋时，屏门才可开启。

经过垂花门进入后院。后院又被过厅分隔为二院和三院。过厅由一南一北两座背向而建的房屋组成，坐落在砖砌台基上。两座房屋共享一道后墙，做成人字形双坡硬山屋顶，前后房屋明间相连，作为联系二、三两院的通道。其中坐北朝南的建筑面向垂花门，当做客厅或书房使用，采取木制抬梁式框架结构，并在明间靠近后檐处设置屏风，遮挡视线。坐南朝北的建筑采取窑洞式，东西次间作居室。过厅前后均用条石砌筑成单出陛垂带踏跺。

三院是四合院里最封闭、隐匿的私密空间。穿行过厅，迎面的正房是四合院最主要的建筑。正房的开间、进深、檐高、脊高和台基都超过了院内其他建筑的尺度。门前基本上都建有外檐廊，装饰考究华贵，门额常悬挂牌匾，外檐柱上挂有枫木楹联，就连柱础的式样和雕刻的图案也别有韵味。

东西厢房分列在正房两侧，都是单坡硬山屋顶。因为多数

上楼下窑式民居建筑

庭院狭窄，没有条件在前檐做外廊，一般则采用半屋架形式，屋面举折。前檐挑出椽子和飞檐，后墙高耸，正脊后部用砖砌出小披檐。大户人家院落稍宽，也有在厢房建外檐廊，甚至建成二层檐廊式楼作为闺房。

由于平遥古城建在两河冲积扇上，地势比较低，经常受到洪水的袭扰，因此民居的室内外地坪都比自然地面高出了许多。建造三进式四合院时，根据这种自然地形，又特别赋予了文化的内涵，从宅院大门开始，用土层将庭院和建筑的地坪垫高夯实，使内外院落的高度依次递增，美其名曰"步步登高"、"连升三级"，企盼家族兴旺，福禄惠泽门第。

四合院维系着中国两千多年以"礼"为本的宗法制度与伦理观念，通过空间分隔组合、庭院深浅变化、建筑造型对比、装饰繁简华实、步道错落登降和交通流畅阻断等一系列艺术手段，实现了由开敞空间逐步向居家共享空间和私密空间的过渡，层次丰富，主次分明，营造出了规整、有序、舒适、典雅、清幽、静谧和温馨的居住环境，达到了"天人合一"的完美结合。四合院民居作为这种特殊家庭形态起居生活的载体，也标志着居家主人的门第品级和富贵贫贱。

二、具有鲜明地域特色的民居建筑

平遥古城的民居建筑在继承中国古代建筑传统形式的基础上，也结合山西晋中地区的自然地理环境，有许多创新与发展。

平遥民居主要是砖木混合结构。按照中国古建筑的规定，"间"指单体建筑中由四根柱子围合成的空间，是建筑面阔最低的计量单位。人们总是以"间"、"架"

作为衡量建筑面阔和进深的尺度标准。《明史·仪舆服志》的记载："庶民庐舍，洪武二十六年（公元1393年）定制，不过三间五架，不许用斗拱、饰彩色。"平遥民居的建筑面阔也都控制在三间，严格恪守着明清住宅制度对民居建筑规格等级所定的规则，不敢逾越雷池半步。但是平遥的建筑工匠结合当地条件，创造了三种具有浓郁乡土气息的建筑形式：一种是木构抬梁式砖瓦房，另一种是独立式拱券砖窑洞，还有一种是"下窑上楼式"民居。世世代代生活在黄土高原的平遥人深得祖先"凿土为窑"技术的真传，深悟窑洞住房冬暖夏凉和避风沙的特点，往往把建造拱券砖窑洞作为民居建筑的首选。在平地上先用粘土砖砌成三眼窑洞，再用黄土覆盖，分层夯实，做成略向院内倾斜的平屋顶，以利排水，四周筑女儿墙。最后沿砖拱内缘安装硕大的木隔扇门窗，采光敞亮，极富装饰性。

平遥民居最常见的房门叫做连架门，在构造上做成里外两层。里面一层是加栓双开的木板门，向内平开；同时为了防止风沙吹进屋内，又在木板门的外面加了一道用来挡风的单开风门，开向门外。窗子通常也是内外两层，向内平开的

上楼下窑式建筑剖面示意图

多种样式的镶玻棂窗

窗户做成固定的套方灯笼锦、工字卧蚕步步锦，或者正搭正交万字形棂条花格，并且雕刻有蝙蝠、如意、寿桃和松、竹、梅、兰、博古等吉祥图案，以示清雅、高洁及祥和，窗户内侧糊上麻纸，既可挡风寒，又可自然采光。

这种民居在拱形砖窑洞的前面一般都要加上木廊外檐，并利用窑洞前面的女儿墙作檐廊屋顶正脊。外檐额枋与柱相交之处装置精美的雀替，梁枋配以各种题材的木雕。家庭富有的民居还在窑洞的上面建造一层木构抬梁式楼房，并与窑洞上下对应，加筑外檐廊，形成下层砖窑洞和上层木构房。下窑上楼式民居的楼梯采用室外砖砌方式，设在正房的两侧，每侧均可一梯二用，可以登上正房二楼，也可以走进厢房二楼。不过，无论哪种建筑形式，外墙都是砖砌清水墙，一概为硬山屋顶。一色的青灰筒瓦，形成强烈光影效果的行行瓦垄，使屋面极富韵律。为

隔扇窗

　　了解决冬季御寒，在平遥传统民居建筑的室内都砌有土炕，通过土炕前的炉灶和在炕的下面砌筑弯弯曲曲的烟道散热取暖。烟道延伸至山墙内，从山墙顶部的烟囱排放烟尘。于是在烟囱出口上，也常常会做成一个小方亭，方亭上装置有五脊六兽式的砖雕屋顶，或者酷似仰天啸的兽头形状的风帽，艺术造型饶有情趣。

　　走进平遥古城，不经意间还会随处见到另外一种奇怪现象：在不少窑洞正房屋顶的中央，或者屋顶一隅，建有一种独立的类似小庙式样的阁楼，大小不一，均为一间，还安装着向外平开的隔扇门窗；也有些窑洞房在后墙的女儿墙上砌筑一人多高的方形花格墙壁，一座独立或三座分列，数量不等。还有些在木构抬梁式砖瓦房的屋顶上，正脊中央装饰脊刹的位置装置着一个如同佛龛一样的小房。这种奇怪现象形成了平遥古城一道富有特殊魅力的风景线，其中蕴含着深邃怪异的

平遥民居最常见的连架门

玄机。这就是晋中地区民居建筑特有的风水楼和风水墙。无论是风水楼还是风水墙，都起到了提升建筑高度的作用。据说这样一来，就弥补了建造民居时因地形、方位、位置和邻里之间影响所带来的风水不足，自家的房屋就容易驱邪避煞，或者高出周围的建筑，改善居家风水。而且在相邻的两家中，倘若居住在东面的一家建了风水楼，那么西面的一家便只能建规格小一些的风水楼，或者建风水墙。这里的人们就是用这样一种特定含义的建筑语言祈求子嗣平安、家族兴旺昌盛，传递出他们的精神寄托和乡土风俗。这种被物化了的语言也锦上添花般地点缀着古城，表现了古城卓尔不群的风范。至今在不少民居中还完好地保存着兼作佛阁的风水楼，仁义街4号院王沛霖旧居的屋顶上还有三座完整分列的高大风水墙。

民居屋顶上的风水楼

屋顶上的小小风水楼

屋顶上的风水墙

正房后墙独立式风水墙

正房上独立的风水墙

砌筑在正房西北角的小小风水楼

正脊中央的风水楼

三、鬼斧神工三雕并茂的建筑装饰

　　平遥古城传统民居的建筑风格外刚内柔、外雄内秀，含蓄而不张扬。塑造如此完美建筑形象，除了在木结构制作上运用小木作技术，进行丰富多彩的外檐装修和内檐装修以外，主要是借助了木雕、砖雕、石雕三种建筑装饰艺术。民间把这三种不同材质的雕饰统称为"三雕"。三雕到了明代日趋精美，广泛用在了梁架、瓜柱、山墙墀头、悬鱼、脊饰、瓦当、额枋、雀替、挂落、门窗、匾额、门楼、门罩、基座、台阶、柱础、抱鼓石和照壁等各种构件上，逐渐成为民居建筑的一大特色。

民居屋顶与
山墙砖雕装饰

　　清代时我国工艺美术已经十分繁荣，在民居建筑上采用三雕装饰的文化意蕴大大超过了实用价值，象征着一个家族的荣辱兴衰，因而艺术手法开始变得更加纤细繁密，精致入微。平遥古城现存的传统民居恰恰大都建在清代，充分体现了这一时期中国北方民居建筑雕饰艺术的高超成就。

　　随着山西买卖人行商全国，逐步形成晋商文化，不仅使平遥古城的商业异常活跃，而且促使民居建筑大兴土木，不断修建翻新。在古城更新的过程中，晋商从四面八方带回的异域文化与当地民间工艺相结合，促进平遥的民居建筑雕饰产生了新的飞跃，出现了题材多样、构思巧妙、内容丰富、雕工精湛的局面。

　　黄土高原的天赐禀赋为烧制优质粘土砖和采石加工提供了优越的条件，便于创作出经久耐磨的雕刻作品，增加了选材的多样性。通过艺术创作，把木、砖、石三雕艺术结合，在鬼斧神工下，给这些原本生冷坚硬的材料注入生命，从而表现人的生活，寄托人的感情，让它们鲜活起来，丰富了居住环

民居屋顶垂脊砖雕

雕琢精致的烟囱帽　　　　　山墙墀头狮蝠谐趣纹饰　　　　　　　高浮雕狐狸与葡萄

境和精神生活，也为装饰艺术开辟了广阔天地。平遥传统民居的建筑装饰在雕刻手法上充分利用了大自然的优越条件，融汇平雕、透雕、圆雕、半圆雕、高浮雕、浅浮雕、贴雕、镂空雕、平面阴线刻、剔底起突等多种表现形式，真可谓百工竞技，百花齐放。中国的三雕艺术之所以久盛不衰，成为文化代代传承的方式，皆因它所蕴含的强大生命力和民众喜闻乐见的艺术形式。无论是谁，从小生活在这样的环境氛围里，都会在潜移默化中欣然接受它所传承的思想品格、道德情操、伦理观念、民俗民风的人文教化与熏陶。

以祁县、太谷、平遥为代表的晋商及其晋商文化蕴含着尊儒崇经、重商立业、自强不息、敬业诚信的传统思想特质。于是在晋商文化熏陶下，平遥人一向把族训家规和门风道德看成是家族兴衰的根本，以儒家思想修身治家，教育后代，不

精美的山墙砖雕悬鱼

古代木雕工艺

清代壁画中的石雕制作

仅重学，而且以学促商。他们习惯于把这些思想理念融入建筑装饰，在四合院围合的家庭环境里潜移默化，陶冶情操。如果仔细观察，人们就会发现遍布在民居建筑各种构件上的三雕图案，无不贯穿着这样的思想，体现着这样的精神。所谓"建筑必有图，图必有意，意在吉祥"，实在并不夸张。建筑雕饰不外乎围绕着三方面内容：一是图解儒家忠、孝、礼、义、信、悌、廉的传统思想与伦理观念；二是弘扬关公忠贞、守义、至勇、仁智的道德精神和气节品格；三是表达五德俱全、清高儒雅和祈福纳吉、益寿延年的愿

正房檐廊下的匾额画龙点睛，透着浓郁的书卷氛围

望。有以戏剧人物为题材的桃园三结义、三英战吕布、千里走单骑、古城会、刘备招亲等故事以及八仙过海、和合二仙、蟠桃会的神仙故事；也有以祥禽瑞兽、仙花芝草为题材的三阳（羊）开泰、四时（狮）如意、五福（蝠）捧寿、六合（鹿鹤）同春、麒麟送子、喜鹊登枝、松梅竹"岁寒三友"和梅兰竹菊"四君子"、连（莲）生贵子（籽）、狮子滚绣球等等；还有以古董、花瓶、文房四宝、琴棋书画、云纹、龟背纹、万字纹等吉祥符号与福、禄、寿、喜等文字为题材的书卷文化。这些立体化的雕饰画面充盈，紧凑饱满，裁云镂月，各显春秋，于是金、木、土、石的碰撞升华大大拓展了民居建筑的意蕴，取得了良好的装饰效果，使民居建筑变得更加艺术化，更有文化价值和审美意义，也给封闭的合院平添了欢乐与温馨。

这些三雕艺术反映了晋中一带的地域文化，虽然被广泛用于民居建筑，但是

正房檐廊木雕

窑洞房外檐廊下华贵的木雕

外檐戏曲人物木雕

雀替戏曲人物木雕

连架门上
木雕《七星庙》

并不滥用，主要点缀在建筑外观细部和室内门窗隔扇，构图简洁、刀凿洗练、风格庄重朴实，体现了晋商求真务实的品格。

值得一提的是，在平遥民居的建筑雕饰中，几乎到处都能见到戏剧人物和场景：画面不大的山墙墀头、挑檐梁头、雀替、门楼、门罩、柱础上，常常雕刻一出折子戏；而画面有如长卷的额枋、照壁上，则雕刻戏剧连台场景。可见平遥人对戏剧是如此钟情厚爱。这大概和平遥处在晋剧的故乡有关。元代时中国的戏曲进入了高潮，戏剧演出与创作在山西空前繁荣，无论城里乡间，戏台随处可见。元末明初，《三国演义》的作者罗贯中就生活在距离平遥百里之外的太原。到了清代，因晋中票号兴盛，经济、文化昌盛，所以发端于晋南的蒲剧到了晋中地区便很快落地生根，吸收了当地的唱腔，逐渐演变为独树一帜的晋剧，也使平遥成了晋剧活跃的大舞台。戏曲很快走进了寻常百姓人家，成为平遥人不可或缺的文化生活和精神寄托，他们唱在嘴里，哼在心上，把戏曲题材的三雕艺术融入了居家环境，孕育出了光艳夺目的异彩奇葩。平遥民居的三雕大多采用写意的手法，画龙点睛，点到为止，借助象征、隐喻、比拟和谐音，寓意深刻。而对表现戏剧

窗扇上的工笔花鸟画荣华富贵图

题材的雕饰则擅长写实，把剧情和现实生活结合起来，精工雕琢，毫不吝啬，连人物的须发、神情也细致入微地加以刻画，令人叹为观止。

　　迄今平遥民居建筑中保存最完整的木雕、砖雕和石雕，集中体现在仓巷49号的赵大第旧居。清代末期，赵氏在平遥古城称得上是家业鼎盛的大户。传说八国联军将要打到北京时，慈禧太后逃往西安躲避，途中在平遥短暂停留，下榻之处就在这座赵氏宅院里。走进宅院环视，无论屋脊、烟囱、檐廊梁柱、石础、台阶、楼梯栏板与望柱，还是帘架、风门、窗扇和刻花玻璃、炕围，三雕饰物几乎无处不在。正房檐廊的挂落、雀替，以及窑洞房的风门、窗扇、楈锦间的卡子花型上，都布满了文房四宝和"天赐三多"、"四君子"之类的民俗吉祥图案，而在居中和

风门木雕樵夫驯狮图

风门木雕太平有象图

风门木雕大舜耕耘图

风门木雕麒麟送子图

醒目的位置，均以《打金枝》、《七星庙》、《穆桂英出征》等晋剧戏曲人物点缀其中。显示了主人对于传统文化的崇尚和对戏曲艺术的酷爱。现在凡是上了岁数的平遥人都还记得，早年赵大第的几个儿子时常邀请晋剧名流来到自家宅院切磋技艺，欣赏名家唱段。每当此时，琴声鼓乐便会伴着高亢的晋剧唱腔从这里飞出，回荡在古城的上空。

在赵大第旧居内，石雕、木雕和砖雕作品比比皆是。它们的题材、刀工、手法和艺术表现形式完全继承了我国清末民居建筑的传统工艺。由于正房和厢房的门窗如同民居建筑的脸面与眉眼，集中体现着主人的身价地位、财富殷实与文化素养，故而这里的雕饰尤其精心构思，精雕细刻，极尽艺术表现之能事。正房和厢房一共有五扇门，每扇面向庭院的风门都用樟水板制作，上面分别雕刻着"大舜耕耘"、"樵夫驯狮"、"鹿衔灵芝"、"麒麟送子"和"太平有象"五幅图案，刀法娴熟，寓意深远，在众多平遥古民居中实属罕见。厢房的木窗做成色垫套子镶玻锦，内设可以开启的实木窗扇，在窗扇上也都彩画着工笔花鸟。靠近窗户的炕

围子四周装饰有浅浮雕石刻二十四孝图。正方和倒座的刻花玻璃分别表现纯真爱情的《红楼梦》与《西厢记》。院内精美的雕饰与缤纷的彩绘琳琅满目，使得这座赵大第旧居俨然成了平遥古城的一处三雕艺术博览馆。

这个院子的倒座过去是主人的客厅，客厅外檐下的走马板至今还保留着民国初期的彩绘。彩绘的内容都是那个年代风靡中国的洋楼、洋车和都市生活的画面，在这浓缩着农耕经济的平遥小县城和一向固守传统文化的四合院里独领风骚，显得格外时髦抢眼，也曾激起过晋商世家的心灵冲动。它们不啻为近代中国的真实写照，而且反映了平遥人在新文化运动影响下对新的思想理念的崇尚。联想到为数不少的平遥民居大量采用刻花玻璃窗，还有零星插建在大街小巷里的民国初期建筑，人们自然会感受到这座古城在时代变革中悄然前行的步履声。

门前石狮

门枕石雕刻

门前上马石雕刻

栏杆石雕鲤鱼跳龙门

雷履泰故居中的炕围画

赵大第旧居倒座走马板上拉洋车彩绘

镶嵌在赵大第旧居正房门口的寿字浮雕

雷履泰故居中的炕围画

第五章 原汁原味的中国明清繁华市井

　　中国对古代城市的起源有着自己的说法，认为城市是由"城"和"市"组合起来的空间聚落概念，能够最为贴切地表达出城市的基本属性和职能。

　　"城"在汉字里的本意是指在都邑四周以土围合的用于防御的城垣。因城垣内盛受和容纳居民，所以又有东汉许慎《说文解字》关于"城，以盛民也"的解说。然而这种"城"充其量不过是由城垣围合起来的居民聚落而已，还算不上真正意义上的城市。城市是具有防御和商业交换双重职能的居民聚落。既然有商业交换，那就要有商品交易的场所，而这种场所就是缘于"集市"和"墟场"的"市"。《易经·系辞》有"日中为市，致天下之民，聚天下之货，交易而退，各得其所"。由此可见，因为有了"市"，才给"城"带来了商业的职能。

　　"市"在早期是商业建筑和商贸市场的雏形，在中国

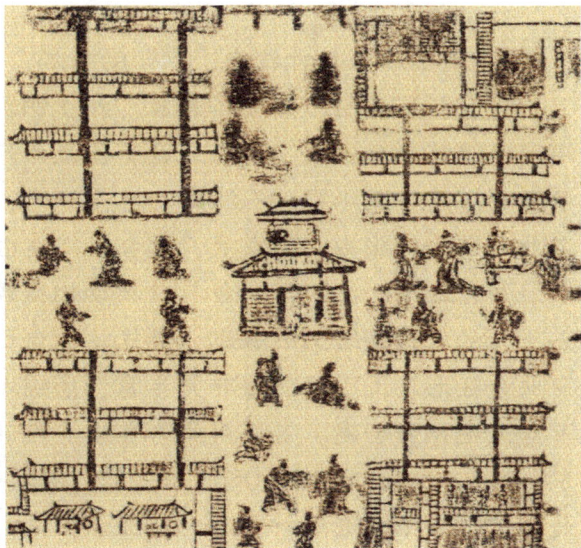

东汉墓出土的
市楼画像砖拓片

商铺林立的南大街

经历了从封闭空间到开放空间沿革的过程。北宋以前与里坊制相对应，"市"被按照传统的礼制，集中布置在"城"里固定的露天广场或者由一些院落组成的交易之所，交易活动分为大市、小市、早市、朝市和夕市。北宋以后随着街坊制的出现，古城内四合院的临街建筑可以开墙设店，逐渐演变成了独立于民居建筑以外的商业店铺。店铺毗连，形成了店家林立的商业街。于是早先的"市"也就由原来在古城内"点"的布局，演化出了商业功能极强的"线"，呈现出一种全新形态的市井繁华景象。到了明清时期，资本主义萌芽的产生和发展使得商品经济更加发达，商品交易有了更为广阔的市场。特别是明代中叶以后，随着商品生产日益丰富，人们生活水平提高，社会消费迅速增长，进一步刺激了手工业、商业和服务业的发展，社会风俗也由过去的轻商逐步转向了重商。于是弃农经商开始不断出现，社会人口流动相当频繁，百行百业的工匠艺人以及那些失去土地的农民纷纷涌进城市，寻找适合自己的就业机会和生财之路。明清时期的商业街在形态上已经变得非常丰富，店铺大都集中列肆，街道两侧的前店后宅和下店上宅相当普遍。这些商业街在州府大部分以古城的钟楼或者鼓楼为中心，分东、西、南、北四个方向形成十字街。由于县城规模较小，通常不建钟、鼓楼，而是以市楼为中心形成一字形的商业街。

　　据史料记载，明初为了维护北方地区安全，在长城一线设置九边重镇，陈兵80余万，多的时候甚至超过了百万，并且实行了以粮食换盐引的"开中"之法，解决军需保障。精明的山西商人抓住了商机，凭借着丰富的粮、盐、铁、绸等物产资源和传统的经商之道很快发展起来。明代中叶的山西已是"重利之念甚于重名，子弟俊秀者多入贸易一途"。这种观念的转变也给平遥带来了深刻影响。到清嘉庆十八年（公元1813年）时平遥古城的商贸活动十分活跃，以至城内"迩来商贩云集，居奇罗珍，增前数十倍"。（清嘉庆十八年《市楼重修碑志》）如今在这里不仅原封不动地保存着当年的商业建筑，而且还原汁原味地保留着那一时期商业街的传统特征，铺户荟萃，商贾云集，展现了当时繁华的市井风貌。

屹立在南大街的市楼

一、意蕴深邃的明清 "土" 字街市

《平遥古城志》说: "综观平遥古城商业贸易各商,可分为商贸与钱肆两大类。商贸以颜料、货栈旅店、绸缎、布庄、医药、茶叶、烟叶、洋货各商为主;钱肆以典当、钱庄、银号、印局、账局、票号领先。" 鼎盛时期著名的货栈旅店多达55个,全国各地设在平遥的票号总部也有22个之多。另据清嘉庆十八年(公元1813年)《市楼重修碑志》的记载,当年在这座不大的县城里仅捐银修葺平遥市楼的店铺就达700多家,商业繁盛之况足以令人咂舌。这些服务于大宗货物批发零售的货栈旅店和金融汇兑业务的票号大都集中在古城的几条商业街。不过平遥古城商业街的布局形式与大多数古城迥然不同,既不是 "十" 字形,也不是 "一" 字形,而是几百年延续下来的 "土" 字形,颇具特色。这种独特的布局形式取决于古城特殊形制,从根本上说,还是由于平遥古城地理位置优越、交通便利和商品集散的需要。其中渗透着深邃的传统历史文化内涵。

平遥古城在明代属于汾州府所辖,地处太原、平阳、汾州、潞安、大同等五府、十八州的通衢要冲。贯通京城与秦陇、川陕的京陕驿道经由平遥古城,从它的东、西城门穿城而过。与此同时,太行山区与吕梁山区之间各县、乡的四条主要通道也都要穿过平遥古城的东门和西门。无论是川流不息的过境交通,还是平遥商贸兴盛、商品集散的频繁进出,显然在古城东、西两侧城墙各开一道城门已经远远不够,只有各开两道城门才能满足需要,以便道路畅通。于是为了适应商贸的发展,在东城墙和西城墙分别建成了上东门、下东门和上西门、下西门,并且按照人、马、车辆和货物交通的频繁程度,在考虑东面两座城门与西面两座城门相互对应的位置上，也分别采取了有主有次、主次分明的营造方式。进出上东门和上西门的行人与货物略少，所以二门的位置并不直对；而下东门和下西门是东西向人流与货流的主要通道，故而两门直接相对，东、西大街一字贯通，交通指向相当明确。

依附道路交通优势发展起来的商业无疑给平遥古城的商贸带来了非常有利的契机，于是大街小巷很快出现了各式各样的手工作坊和店铺。清嘉庆年间，面积仅为 2.25 平方公里的古城内形成了 15 个比较大的市场，其中，在衙门街设二市，十字街设一市，南大街设二市，东大街设二市，西大街设二市，大西城设二市，小

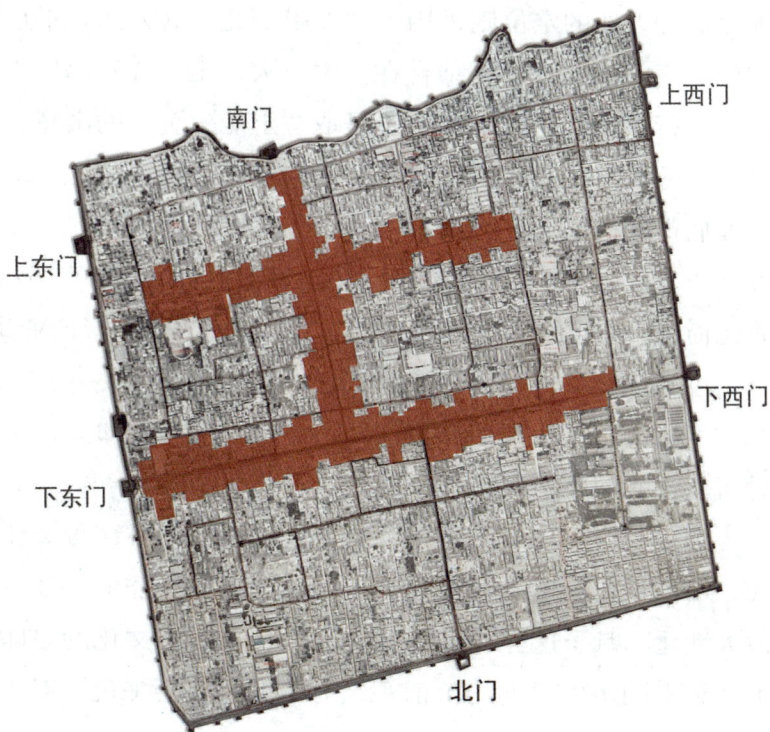

坐北朝南看平遥古城就会
发现"土"字形商业街市

西城设二市，南门街设二市，使南大街、东大街、西大街和城隍街、衙门街组合成"一竖、二横"的商业街市，成为商业贸易最为集中的繁华地段。而最具代表性的还是以市楼为中心的南大街，每日三市，按照市场交易对象不同，"大市于日晨百族为主，朝市于朝时商贾为主，夕市于夕时贩夫贩妇为主"。

如今有人说这几条商业街的布局形式像一个"干"字，也有人说它们像是个"土"字。仔细解读起来，似乎后者更符合古人堪舆对于方位顺序的认知，以及对五行学说的崇信。

古人面南为尊，坐北朝南辨方正位，因循了《周易》中关于伏羲八卦推演的规律。对天地的定位则采用了"上南下北"的方法。平遥的营城者正是按照这种方位顺序的认知规律，结合在"木、火、土、金、水"五行中"土居中央"的特性和五行顺次相生的规律，于是取"土能生金"的寓意，期盼着平遥古城财源滚滚、茂盛三江，使几条彼此相连的商业街形成了"土"字的形状。上面的一横是城隍庙街和衙门街，一竖指南大街，而东西大街则是"土"字的下面一横。至于说到"干"字，似乎有些牵强。因为现在使用的"干"字是由古代汉字里的"幹"简化而来。古代原本没有简化字一说，自然"干"字形商业街的说法也就不足为凭，只不过是现在的一种肤浅诠释而已。两种解读看似一字之差，实则有着质的区别。"干"字描绘的是商业街的布局形态；而"土"字却蕴含了古城商业街在谋划布局时所蕴含的深厚历史文化。

其实，建筑本身就是一种文化。规划同样贯穿着文化的意蕴。尤其在中国古代，几乎所有的建筑和规划都不仅仅体现在功能的需要。它们的内容和形式总会被人性化，赋予这样或那样的隐喻，打上传统文化的烙印，表现出一脉相承的审美观和不同历史时期的价值观。对于世俗社会来说，对于一座城、一条街、一个建筑的文化价值，往往要比使用功能看得更为重要。从平遥古城明清商业街所反映出来的建筑文化现象，便可以感悟到中国传统文化的这种特质本色。

南大街是平遥古城的中轴线，也是平遥古城商业街的精华所在。东大街、西大街与鹦哥巷交汇处的大十字是这条街的北起点，南端延伸到南门瓮城，正对着迎熏门（南门），总长738米。在这条街上聚集了上百家古香古色的商家店铺。大到金融票号、钱庄、货栈、京货、绸缎庄、布庄、药材铺、镖局、炉食铺、古玩店、金银首饰店、酒肆、客栈、茶馆、典当铺、南货铺、陶瓷店、照相馆，小到关系庶民百姓柴米油盐居家生活的粮店、油铺、肉铺、果菜烟业、竹器店、铁匠铺、杂货铺、百货店、豆腐坊、点食业、丝绒店、鞋铺、帽铺、文具店、钟表店、缝纫店、理发店、装裱店、纸扎作坊等等，不一而足，可谓百工百匠、百行百业，应有尽有。平遥在明清时期形成了一大批百年以上的老字号，诸如蔚泰厚、协同庆、永隆号、云锦成、天元奎、百川通之类，大多开在南大街。从清道光年开始，南大街还曾集中了平遥的22家票号总部，一时成为主宰我国金融汇兑业务的中心。

原汁原味的明清商业铺面

南大街老式店铺

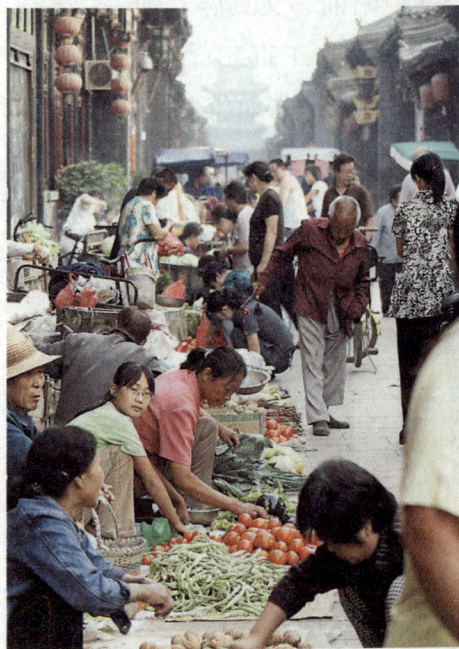

古城早市

　　走进尺度宜人的南大街，满眼都是百年老店，店铺列肆，横匾连楹，招牌和幌子琳琅满目。古城醒目的标志建筑金井市楼跨街而建，如同鹤立鸡群一般卓然高耸，打破了南大街平缓的屋脊轮廓线，与鳞次栉比的商业店铺相映生辉。在摩肩接踵的人流中穿行，会被彩画、木雕装饰的铺面所吸引，目不暇接。铺面前五花八门的各色招牌、幌子竞相媲美，竭尽能事炫耀着自己，招徕着南来北往的顾客。而且这里的幌子制作也别有情趣，原本只需按照各行业的约定俗成，根据经营的商品种类和内容设计成各种样式，悬挂在作坊和店铺前，让它们在不停的晃动中吸引顾客视线，使顾客无须进入店铺，便对经营的商品特色一目了然。然而明清时期的平遥古城在南大街悬挂出的幌子却不单单是写着商品与经营内容的文字幌，更多的是以实物、模型或图画作为招徕标志的形象幌，融合了民俗文化与民间工艺，还充满了极富诱惑力和感染力的广告词。

　　东大街和西大街在南大街北端交汇。这两条街东起下东门（亲翰门），西到下西门（凤仪门），宽度均为5米，长度分别为571米和861

米，是穿过古城东西方向的主要通衢，也是往来京城的通天大道。

两条大街连绵不断地排列着各业商铺、作坊，而在铺面布局上却又各有侧重。东大街集中了京货、粮、油、面粉、肉类、果菜烟业、药材、杂货、布匹、棉织、裁缝、木器、皮货、古玩、钱庄、典当、修理等买卖及电灯公司和剃头棚。而西大街则多半是客栈、货栈、饭店和前店后宅、前店后厂式的面点、油面、笼床、铁器、药材等商铺，靠近大十字不足200米的地段则建有多家票号。中国最早的票号日升昌，还有随之兴起的日新中、蔚泰厚、宝丰隆票号和厚德亨、蔚丰厚钱庄也都云集于此。在人们的心目中，西大街无疑是孕育平遥票号的摇篮。正是这条看似不起眼的普通老街，却创造了中国金融业的辉煌。早在100多年前，平遥东大街和西大街车水马龙的交通与之经久不衰的商业贸易所呈现出的已经是一种外向型

浓郁乡情的各色花布

明清商业街商品琳琅满目

光彩耀眼的绣花枕头

经济的特征。它的商业贸易辐射范围大大超越了这座小城周边的境域，覆盖了晋中，影响了大半个中国，并且最终走出了国门。平遥古城的城隍庙街与衙门街的宽度与东、西大街相比，虽然也有5.2米，同样遍布着大大小小的店铺作坊，然而面向的客户却主要是居住在古城内外的庶民百姓，为他们提供着居家生活日常食用和消费的商品。因为城隍庙街的南北两侧建有文庙和城隍庙，而且紧邻着上东门，出入古城十分便利，所以成了民间举行庙会的最佳场所，给这条商业街营造了一种浓重的文化氛围。

庙会是中国特有的民俗文化。明清时期开庙设市，利用岁时节日或者规定日期在庙的内外进行集市贸易已经相当普遍。人们总是将商品交易、文化娱乐和宗教祭祀融为一体，把逛庙会当成祭祀神灵、自选购物、自娱自乐和人际交流的最

俯拾皆是的古玩货摊

好机会。各地最繁盛的庙会就在城隍庙。每逢此时，络绎不绝的香客就会赶赴庙场烧香敬神，百姓人家也会同时汇入逛庙赶集的人流，在包罗万象的百货中挑选自己称心如意的商品，还可随处观看民间艺人演绎的戏曲歌舞和各种杂耍。于是凡有庙会的地方，必定是"百货云集，百戏杂陈"，娱神娱人，人神共乐。平遥县城坐落在交通要冲和商品集散中心，除了坐店经商的生意人以外，到平遥赶庙会的商人五行八作无所不有。平遥虽说是县，但城隍庙的规模却比一般的县城隍庙大，里面专门建有酬神献艺、与神共舞的戏楼，西北角还建着一座供奉赵公元帅的财神庙。与城隍庙一街之隔的斜对面就是县文庙、学堂和书院。开庙时分，峨冠博带的豪门士绅、方巾长袍的儒雅学子、罗衫钗裙的深宅女眷、布衣草履的农田耕夫，纷至沓来，比肩接踵。如今在这里，我们仍旧可以想象到当年庙会上人

声鼎沸、热闹非凡的景象。

衙门街的商贸业态少了许多喧闹。因为毗邻官府，所以行医、代写诉状契约和相面、测字、打卦的铺面地摊比比皆是。别的一些商家店铺及手工作坊经营的商货也大多属于针剪锁篦之类的日杂用品和山货。清末民初，受近代工业和西洋文化影响，衙门街上还出现了洋铁铺、玻璃铺、钟表店、照相馆、镶牙馆，成为古城追逐时尚的标志。

我国明清时期以祁县、太谷、平遥为代表的晋商之旅崛起，驰骋大江南北，成了各地商界的主体，在商界占有垄断地位，甚至一度把握了朝野的经济命脉。据史料记载，清咸丰三年（公元1853年），为了筹措军饷镇压太平军起义，朝廷采取了让各商号捐输助饷的办法，根据商号捐输银两的多少，酌情给予官职虚衔。在清宫档案里可以查知：天津长芦盐商中有晋商103家；奉天巨贾中有晋商130家；京城茶庄中有晋商17家，当铺中有晋商108家，268家账局中就有晋商210家。而瑷珲、张

长升源老字号黄酒作坊

古城布鞋工艺名扬内外

商铺走马板上的彩画比比皆是

家口、归化、包头等地的市场，则全部控制在晋商的手里。同治到光绪年间，山西票号实际上已经成为清朝政府的"中央银行"。生性精明的平遥人一批又一批走出家门，行商全国。他们勤奋创业，聚财故里，就连榆次、太谷、祁县、介休的商家也到平遥投资办店，于是成就了平遥古城具有相当规模和建筑艺术价值的商业街。

平遥古城的商业建筑是在传统四合院式民居的基础上演化而来。民居院落有一进院、二进院、三进院和偏正套院等多种形式，院落的大门面街而设。沿街铺面建筑由原来四合院的倒座房改成面向街道的三开间穿堂楼，均为一层半。底层门面开敞，明间作为进入商铺和庭院的通道。入口处安装两扇平开实榻门，两旁的次间有陈列商品的柜台。由于建筑内部进深不同，屋脊高度一般在7至8米不等，高低错落有致。一色的硬山屋顶，上面铺着深灰筒瓦，层层叠叠的瓦片与起伏的屋脊、凹凸变化的屋面排列在一起，跳跃着向远处的天际伸展过去，构成了

节奏感极强的韵律。

当时商业铺面的地坪要比街道路面高出许多，顾客进入商店购物，需要踏上四至五级青石台阶。只因古城坐落在惠济河、柳根河的冲积扇尾部，地势低，造成成年累月泥沙淤积，道路才逐渐抬升起来，以致如今和铺面的地坪不相上下。传统的商业街一概用青石板铺就路面，街道宽度与建筑高度恰如其分，和路人之间形成了轻松亲和的尺度。从鳞次栉比的沿街建筑、装修考究的商业铺面，到古老街道的细部铺装，伴随着时而传来的叫卖声和洋车的叮当声，使人感到无以名状的惬意和舒心。

商业街的店铺与店铺比肩而立。店铺之间的山墙墀头镶嵌着福禄寿和四时如意的砖石雕饰纹样，刻画细致，栩栩如生，给商业气息浓重的店铺增添了文化底蕴。商店的外墙铺面大都采用拼装方便的黑漆木制实榻门板，也有一些铺面间或采用槛墙和槛窗的做法。店铺建筑虽是一层半,但上面半层实际只存放杂物。临街铺面自上而下设置荷花墩抬高梁枋,并安装隔扇横披和走马板。从外观上看去,店铺似乎只有一层。这样做显然是为提升沿街建筑立面的整体效果,强化铺面的商业化宣传。在铺面的隔扇横披上面和外檐檩、枋、梁、柱头部分,采用了晋中地区传统的金青上五彩画技法,以蓝、青、金三色为主绘出各种汉纹锦图案,包括花鸟、瑞兽、山水、楼阁、软草、夔(kuí)纹、福寿和人物故事等等。门额高悬黑漆金字牌匾,外檐悬挂式样各异的体现行业标志的幌子、招牌、灯笼,以及处处透着吉祥、典雅寓意的书法楹联,色彩缤纷,琳琅满目。铺面装饰艺术淋漓尽致地表现了晋中浓郁的地方文化特色,展示出华贵富丽的风格。根植在这方乡土的精美建筑装饰给了古城明清繁华市井生活氛围最好的烘托。

清光绪八年(公元1882年)
《平遥县志》市楼金井图

二、守望古城老街兴衰的金井市楼

岁月不居，时节如流。平遥古城延续数百年的"土"字形商业街市曾像一个取之不尽、用之不竭的聚宝盆，财源滚滚，长盛不衰，也曾因为时世沧桑巨变而萧条冷落了半个多世纪。终日守望这条老街兴衰的历史长者，便是雄踞在古城中心的金井市楼。

金井市楼是对凿建在南大街同一处的"金井"与"市楼"的并称。在清代康熙年间和光绪年间纂修的《平遥县志》里，金井市楼又叫做金井楼和市楼金井。

不过，这里所谓的金井并非是寻常居家生活的饮水之源。在建城选址盛行风水堪舆的中国古代，这座金井很可能就是平遥古城卜地点穴的中心探井所在。虽然《平遥县志》对金井的由来没有详尽记载，但是显而易见，这座金井与风水堪舆有关。

古代营建城池要对城池的方位进行规划选址。那时候依据的是从占卜发展而来的风水学，通过堪舆的方法处理城池和山、水、地形间的关系，从而使古城获得良好的建筑生态和工程地质条件，与周围的自然环境和谐共生。按照风水学的说法，蕴藏山水之气的地方称之为穴，穴能聚气藏风，所谓"山水相交，阴阳融凝"，属于吉祥之处和风水宝地。在堪舆时寻找理想中的区穴，进而对古城选址定位被称做"点穴"。"点穴"是要在区穴中央挖掘一口探井，用于勘验地质条件，确定规划设计和建筑施工的基准控制点。这口探井便是风水学上称为吉祥之地的穴中。穴中关系着这座城的命脉与吉凶，对于古城的兴衰起着至关重要的作用，这样一来，穴中的探井也就成了人们心目中的金井，被奉若至高无上的神灵。因为

市楼繁华似锦

市楼南向"金井古迹"横额

平遥古城的金井位于这座方城东西、南北两轴相交的几何中心，地处至尊，所以更具上承天意的象征，以至连官修《平遥县志》也不加勘察考证，竟然煞有介事地写道："市楼金井在县中，楼高百尺，井内水色如金。"由此又附会出了井内藏有金马驹的传说，给这座金井罩上了扑朔迷离的神奇色彩，使平遥古城超凡脱俗，身价显得尤其尊贵。

至于金井之内到底是否"水色如金"，这口金井是否就是平遥古城避凶趋吉的风水宝地，其实都不重要。金井存在的真正价值，就在于它典型地反映了中国古代营城所特有的传统文化和古代哲学观、生态环境观。

从建造平遥古城的时序看，显然是探凿金井在先，营建市楼在后。将标志市肆管理的市楼与金井建在一起，恰好因应了《史记注》中关于"古未有井，若朝聚井汲，便将货物于井边买卖，曰市井"的释解。如此说，似乎市井便是围聚在汲水井边的商品交易，其实不然。应当说"市"作为最早的交易场所，与西周时

期出现的井田制密切相关。井田制将土地按照
"井"字形划分成九块，中间的一块为公田，其余
八块私田绕其周边，只有"井口"四周的道路通
达便捷，适于居民聚散、沟通交易和互通有无。
《管子》书注："立市必四方，若造井之制，故曰
市井。"可见"因井设市"指的是因交通便利而设
立集市。因而将市肆设在四通八达的街巷，也就
更合乎市井的由来。然而无论怎么说，平遥古城
的营城者特意在金井旁边建市楼，横跨南大街北
端街心，使金井和市楼形成邑之胜景，的确不乏
一番匠心。市楼与金井二者相得益彰，相辅相成。
市楼因金井而熠熠生辉，为古城长盛不衰的商业
街市平添了神秘的玄机;金井因市楼而古韵横生，
为古城填不满、拉不完的滚滚财源做出了最好的
诠释。难怪在市楼面南的通柱上悬挂了这样一幅
寓意深远的楹联:上联书写"朝晨午夕街三市"，
下联写着"贺凤桥台井上楼"，门额是"金井古
迹"。从这副楹联可以想象出明清时期平遥古城商
贾辐辏的市井繁华景象。

　　中国的市楼原本是专司管理市场的建筑，历
史相当久远。它的形象很早就出现在汉代画像砖、
画像石和壁画中。在以礼序作为规范的中国古代

市楼二层平座两套环柱框架

市楼内部狭窄的楼梯

城市，官署一般都要建造市楼，派有市官听治于此，负责维持市场秩序和收缴交易税。每逢开市的时候则升旗于楼亭上，作为开市的标志。市楼通常建在古城街市的中央，市官居高临下，对街市交易一目了然。由于市楼属于楼阁式建筑，造型挺拔耸立，华美壮观，在古城大片灰砖黛瓦的色调和平缓舒展的建筑轮廓烘托下，显得格外抢眼。故而市楼除了管理市场的建筑职能以外，往往还兼有鉴赏人文景观的审美效果。

如今，平遥古城的金井市楼垂垂老矣，当初始建于哪个年代，已无可稽考。能够查阅到关于金井市楼的最早文献记载，是清代康熙年间纂修的《平遥县志》，曰："金井楼不知始自何年，在县中街，下有井，水色如金，故名。"现存的金井市楼系康熙二十七年（公元1688年）重修，历时6个月，花费白银400余两，用工2000多个，使当时即将倾塌之楼"复焕乎一新"，更加雄姿壮观。后来又在乾隆、嘉庆、同治、光绪、宣统各朝修葺润色，其梁架结构、用料尺度与建筑装饰完全规范化、程式化，展现出了清代木构建筑的艺术风格，进一步凸现了市楼人文观赏的价值。据光绪八年（公元1822年）重新纂修的《平遥县志》记载，这时的金井市楼已被赫然列为平遥"邑景"，誉

重檐歇山顶

斗拱七踩

二层楼阁

内外环柱

平座

底层砖墙包砌四角通柱

券门

过街南北通道

二层入口

金井市楼建筑结构图

市楼屋顶南喜北寿琉璃装饰

为平遥城内八景之一。

这座市楼骑跨在南大街的街心，是一座二层三重檐滴水的歇山顶建筑。在它的底层，四角立有通柱支撑，凌空托举楼阁。楼阁以下就是贯通古城南北的商业街，成为名副其实的过街楼，造型华美秀丽，气势高耸挺拔，守望着平遥古城老街的繁盛与辉煌。

平遥古城的市楼是我国清代楼阁建筑艺术的传世佳作。市楼高18.5米，建筑平面近似正方形，楼阁面阔和进深各三间。在底层四角通柱外，以砖墙包砌，南北贯通，东西两边砖砌台基，台基上各设一道券门，直通上下斯楼的木制楼梯。市楼当街而立，因受南大街尺度限制，楼阁内部空间较小，因此所有的立柱都采用比例修长的檐柱，而不用柱身粗短的金柱，这样一来，使得市楼既适用，又轻盈俏丽。在建造金井市楼时，继承了我国传统的多层木构楼阁建筑营造法式，采取内外两环柱的柱网结构，内环柱间与外环柱间分别用梁枋和斗拱纵横相连，组成内外两套框架。

然后再用梁枋将两套框架联结成一个牢固的整体，大大增强了市楼的稳定性。从平遥市楼采用的独特柱网结构，可以看出中国清代匠人的睿智才思与高超技艺。

市楼的全部构架是按水平方向分层制作安装的。二层楼阁在底层通柱与梁枋、斗拱上铺作，外檐装修围以菱子花纹样的隔扇窗，前后檐的明间设木质隔扇门。阁内中央置三尊神龛：南向供奉着被民间视为忠义财神的关圣大帝，北向奉祀着大慈大悲的观世音菩萨。西北角的琉璃龛内面东尚有魁星真君塑像。东西两壁彩绘着以《三国演义》为题材的传神壁画。市楼阁顶施天花藻井，上层檐下斗拱七踩，平身科三攒，皆出翘，角科诸拱排比，体现了清代特有的营造手法。

楼阁的室外，是在通柱顶部挑出的腰檐上设置平座，也就是照常所说的平台，将室内空间向外拓展延伸，追求内外空间开敞通透的效果。沿平座边沿施以勾栏，便于凭栏远眺，不仅广开视野，将古城风情景物尽收眼底，并且凌空驻足平座，恰

市楼"忠至义尽"匾额

市楼与民居交相辉映

似登临天上宫阙，浴乎天地之间，令人融入自然，畅抒胸怀，仿佛进入了天人合一的境界。无怪乎早有古人赞叹金井市楼乃为"一邑之胜"，以至骚客逸士慕名而来，登楼远望，寄兴游览，不禁感慨："纵目揽山秀于东南，挹（yì）清流于西北，仰视烟云之变幻，俯临城市之繁华。"

　　市楼建筑做工极为精细。它的内外檐与梁、枋等处雕梁画栋，或装饰木雕，或绘制彩画，以花卉、鸟兽、人物、器物以及字体等形象组合成各种吉祥图案，寄托平遥人憧憬福、禄、寿、喜，企盼岁岁平安的美好心愿。在五彩缤纷的建筑装饰中，最引人注目的经典之作莫过于在市楼上蓝黄相间的琉璃瓦屋顶。琉璃在中国古代属于高档尊贵的建筑材料，用琉璃制品作为建筑装饰历来有严格的规定，一般只用在皇宫、陵寝、达官府第、寺观庙宇和皇家园林建筑，在奢华装饰的光环下区隔着森严的建筑等级。平遥是我国明代重要的琉璃产地之一，到了清代，琉璃饰物用于公共建筑已经相当广泛。然而用琉璃装饰在屋顶上组成字的图案，在我国古建筑中却实属罕见。而平遥金井市楼的屋顶，一条正脊和八条垂脊均以蓝色琉璃贴面，外檐四周以黄色琉璃瓦镶边。屋脊两端与正中装饰有鸱吻、宝瓶脊刹，垂脊上还饰有神兽和骑凤仙人。朝南的屋面在黄色琉璃瓦拼成的菱形图案上，用对比色强烈的蓝琉璃瓦镶嵌出了偌大一个"囍"字，而朝北的屋面同样用蓝、黄琉璃瓦镶嵌出了一个醒目的"壽"（shòu）字图案。于是这座金井市楼金碧辉煌的屋顶便有了南喜北寿的企福之效。

　　蓝天丽日下，倘若驻足南大街昂首仰望，只见高耸蓝天的金井市楼在琳琅满目竞相媲美的商家店铺簇拥下，宛如众星捧月一般，随着飘逸变化的浮云，金光灿灿，升腾而上，景象蔚为壮观。

　　诚然，时代变迁，社会进步，使得金井市楼已然逝去了昔日市场管理的职能，

变为一座颇具景观特色的地标性楼阁，凝聚着平遥古城的光华。它与古城墙一起构成了平遥古城最具代表性的象征。人们想到平遥，便会想到市楼；想到市楼，便自然而然地想起了平遥古城。

如今在这座市楼下还保存着11通清代碑碣，字里行间铭刻着金井市楼守望老街的历史记忆。金井市楼就像是一位最具权威的历史老者，牢牢聚合着平遥人的意愿、平遥人的心。每逢农历节庆，平遥古城内外的社火、高跷、背棍、舞龙、耍狮、旱船、花灯、戏曲等等民间艺人和民间活动便会潮水般地涌向南大街，汇聚在这位老者的身边，万民欢腾，倾城同庆，场景热闹非凡。

当你徜徉在繁花似锦的南大街时，你会发现金井依然是平遥的吉祥地，市楼依然是老街大富天下时的见证。所不同的是，金井市楼将要守望的是平遥古城更加灿烂美好的未来。

市楼底层枋额上的木雕《三英战吕布》

第六章 最早创立中国金融汇兑的票号

中国古典名著《水浒传》里，有一段吴用智取生辰纲的故事，读来脍炙人口。说在北宋哲宗年间，大名府留守梁中书为给当朝太师蔡京祝寿，搜刮了十万贯金银，作为生辰贺礼，派青面兽杨志押注东京汴梁。杨志带领十余名军校假扮脚夫，起五更，行半夜，一路风尘，专走山中僻径，十八天后，正午时分来到松林密布的黄泥冈歇脚，不想被智多星吴用巧施妙计，劫去了生辰纲。梁中书本想通过武功长途押送金银取宠于蔡京，到头来竟变得竹篮打水一场空。

《水浒传》虽是小说，不过所描述的通过武功押送金银的方式却并非虚构，而是来自北宋时期的现实生活。据专家考证，这种方式到了明末演化为保镖行当，尽管那时已经有了以票据代替现金进行结算的"汇票"，但是委托保镖仍然相当普遍。一些被民间称做武侠的人依靠着武艺谋生，受雇于事主，帮着事主长途押送金银，转运大宗财物。

保镖行当真正作为国家批准的镖局出现，是在清乾隆年间。据说创始人是有着神拳王之称的山西人张黑五。这和晋商经营业务有关。镖局拿到事主出具的接受镖物的清单以后，从武林行中雇佣一些武功高强的镖师，带上官府开的通行证，便可日夜兼程走镖上路。保镖人手推独轮镖车，车上插着镖旗，装着金银和兵器、生活用品，风餐露宿，长途跋涉，自己搭灶做饭，自己修鞋理发，一路从不洗脸。即使这样，还是常常面临着金

银财物被劫的各种凶险。

平遥的票号商和其他商家都将总号设在古城内，分号设在京、津各地，后来发展到了国内外一些大商埠。总号与各分号之间的资金周转最初也靠镖局押运，不仅往来时间长，成本高，而且很不安全。尤其连年灾荒，农业歉收，许多地方爆发了武装起义，社会极不安定。于是日升昌票号的大掌柜雷履泰敏锐地发现了商机，创造了以汇票代替运现的汇兑业务，只需在汇票上写清兑换银两数额，便可到异地提取现银。这一革新最早创立了中国金融汇兑票号，具有划时代意义，从根本上改变了传统的货币流通方式，结束了依靠镖局武功押运金银财物的历史。

日升昌票号是中国银行的雏形。正是因为日升昌票号开创了中国汇兑业的先河，才带动了平遥票号商的兴起，促进了祁县、太谷票号的形成与发展，进而不断壮大，成为阵容强大的山西票号，在中国金融史上举足轻重。中国的金融汇兑发端于此，不仅对近代金融业的发展提供了经营方式、经营内容、经营管理、组织结构、人事制度、防伪体系等多方面的宝贵经验，极大地推动了近代商品经济的发展，而且至今对现代企业管理制度的改革创新具有重要影响。

然而，就是这座日升昌票号旧址，在平遥古城申报世界文化遗产之前，一度曾经作为县供销社的办公地。我曾一再建议腾退出来，辟为中国票号博物馆，开始不被理解。后来连续做了两届县委、县政府的说服工作，终于安排供销社搬迁，并由财政局王夷典牵头，负责恢复整理票号资料。直到这次修缮才有了一个重要的发现。原来，裱糊在天花上的纸张居然都是当年珍藏下来的日升昌票号老账簿，也就是今天陈列在展柜里的那些珍贵史料。

如今，日升昌票号旧址已被辟为中国票号博物馆，随着平遥古城列入世界文化遗产，日升昌再一次跨出山西，走出国门，重新名扬天下。

一、平遥人改写镖局押运银两历史

在平遥古城申报世界文化遗产之前，几乎很少有人知道这座小城曾是中国金融业的摇篮。中国最早创立的银行日升昌票号就诞生在这里，清代道光及咸丰年间全国将近半数的票号总部一度汇聚平遥古城，而分支机构遍布国内外。平遥票号掌控着中国金融界，对中国金融业产生的影响长达一百多年，为开创和发展中国金融事业做出过巨大的贡献。

现如今，只要人们说起中国金融汇兑业务的发端，就必然会想到蜚声中外的平遥票号，想到平遥票号的鼻祖日升昌和它的创始人雷履泰。

中国最早的金融票号日升昌

日升昌门额

　　按说在日升昌票号创设的年代，还没有金融汇兑的说法。"金融"一词在中国出现得很晚，直到光绪年间才由日本传入中国，沿用至今。不过人们还是习惯于把发端自清代的汇兑业务与近代兴起的资金融通联系起来，以示和古代信用汇兑的区别。

　　寻觅中国金融业发展的轨迹，商业信用的问世最迟不迟于西汉，到了唐代已经开始有了汇兑。唐宪宗时在京师产生的"飞钱"，其实就是汇兑业务的雏形。宋代不仅延续了唐代的"飞钱"形式，而且宋开宝三年（公元970年）官府还在都城汴梁设立了官营的汇兑机构"便钱务"，改用"便换"方式为客户行商办理异地汇款。明代末期随着商品经济的发展，货币流通的数量日增，流通的速度日趋频繁，大额现金转运在客观上已经无法适应贸易迅速发展的需求，于是以票据清算代替现金清算的汇票开始出现，从而为长途大宗贸易提供了方便。这种汇票的流通使用一直持续到清初。据清《皇朝经世文编》卷五十二《钱币》记载：清初许多商人往京师转运大宗物资，因为路途遥远，搬运不便，所以出于安全和便捷的考虑，纷纷"委钱与京师富商之家，取票至京师取值"，并且把这种办法称之为汇票。由此可见明清时期的汇票，都具有商业信用汇兑的性质。直到平遥票号的创办，才使信用汇兑业务产生了质的飞跃，在中国金融史上开拓了金融汇兑的新局面。

这是一处再普通不过的三开间铺面，坐落在平遥古城西大街路南，斑驳的黑漆实木门板和黑漆的柜台已经褪色。在平遥古城数以百计的商家店铺中，它显得格外平实，绝无奢华，普通得让人无论如何也想象不出180多年前在这里曾经发生怎样的惊世之举。这家商铺的字号叫"日昇昌"。"昇"是如今"升"字的异体书写。最初商号由西裕成颜料铺演化而来，随着票号的崛起和字号的变迁，引发了中国金融史上的一次巨变。这一年是清代道光三年，也就是公元1823年。

在此之前，康熙、雍正、乾隆历朝由于采取了一系列巩固统治、稳定社会和

日升昌票号庭院内景

日升昌票号过厅匾额

振兴经济的重大措施，进一步加强了中央集权，促进了农业与手工业不断发展，商品货币经济空前活跃，不仅出现了大商号和拥有数百万两的大商人，而且商业发达的城市如雨后春笋相继脱颖而出。北有北京、天津、济南、太原，南有江宁、苏州、杭州、镇江、扬州、无锡和广州，逐步形成了全国的大市场。外贸也比清初有了较大发展。财政收入快速增长，经济发展到了清代最辉煌鼎盛的时期。这一时期商品经济的发展对商品在更大范围的流通和货币金融提出了新的要求，也为汇兑专业化创造了条件。这时从明代中叶开始兴盛的晋商已是"足迹遍天下"，达到了"富可敌国"的程度。晋商资本的发展，不仅聚集了大量的货币资财，让白银源源不断地流回家乡，而且带动了山西手工业的发展，促进了全国商品物资的交流，加快了中国自然经济解体和商品经济发展的进程。与此同时，也为创办金融汇兑业务奠定了雄厚基础。明末清初时的晋商以祁、太、平的商帮为代表。康、雍、乾、嘉年间，设在平遥古城的典当、账局、钱庄、银楼等已经初具规模。据嘉庆十八年（公元1813年）重修市楼碑记，当时平遥的700多家商号里，就有22家信用汇兑字号。在平遥，商业和金融并重的行业优势，为票号在平遥首创提供了可能。于是中国第一家专事金融汇兑经营的日升昌票号便从此应运而生。

日升昌票号的前身是西裕成颜料铺，由平遥县西达蒲村李家在城内西大街开设。元代李氏祖上由陕西迁至平遥落户，清雍正年间开始从事颜料经营，跻身于平遥的颜料行。那时平遥庞大的颜料商帮几乎垄断了北京、天津的颜料市场。西裕成颜料铺也随之在北京、天津开设了分店，生意越做越红火。财东李大全慧眼识英才，聘请天资聪慧而又善于经营运筹的雷履泰担任大掌柜，很快积累了大量商业资本，使西裕成颜料铺在竞争激烈的颜料行里成为规模最大、实力最雄厚的

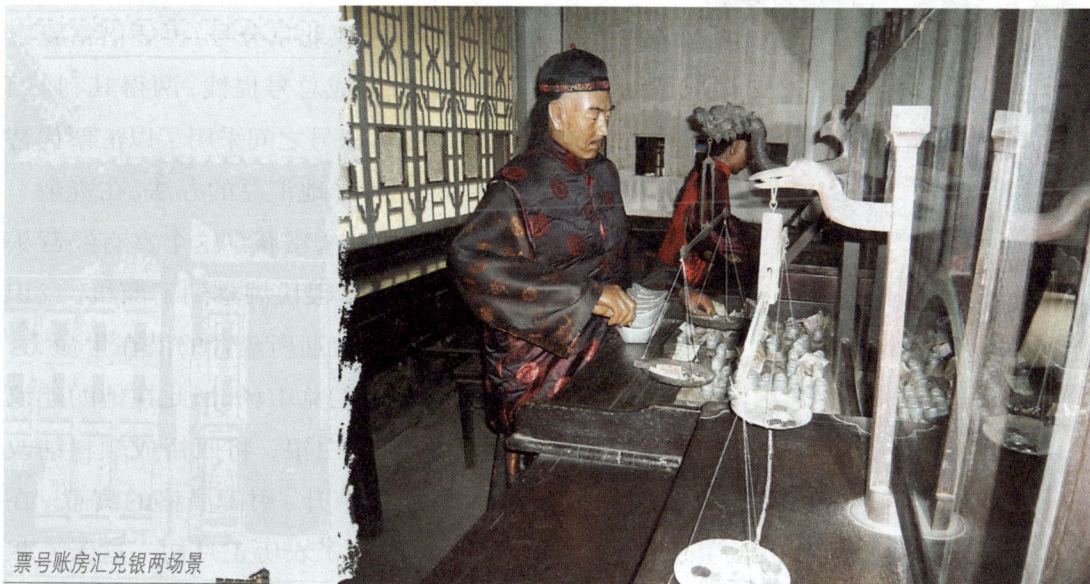

票号账房汇兑银两场景

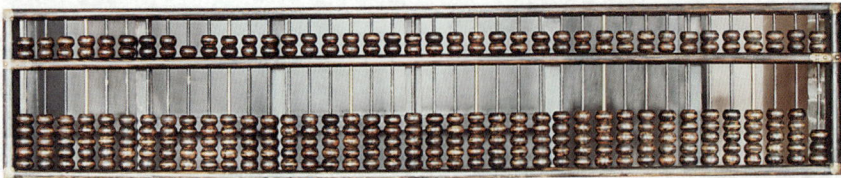

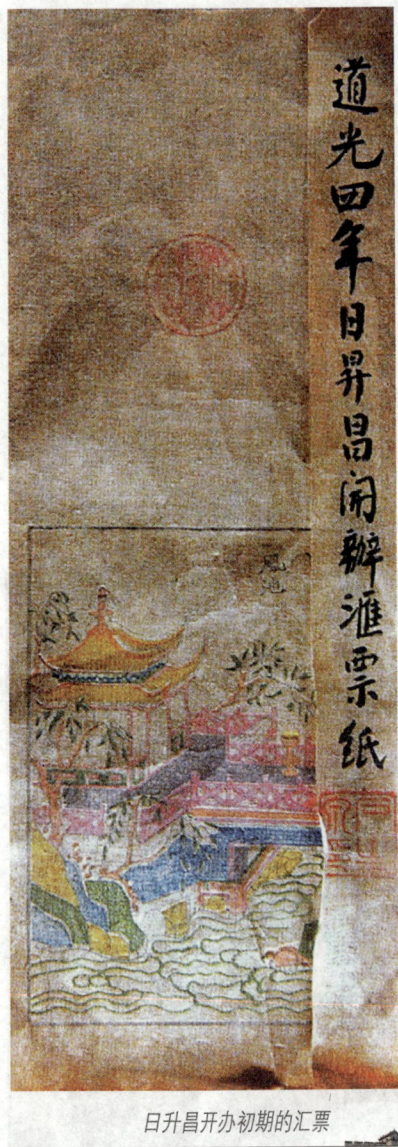

日升昌开办初期的汇票

商号首富，李大全也因此成了平遥、北京、天津、汉口一带名声显赫的大财东。

正是由于雷履泰的鼎力相助和苦心经营，成就了西裕成的兴隆，成就了李大全的一世功名。又是这个雷履泰在瞬息万变的商海中敏锐地抓住了机遇，创下了开启中国金融汇兑的伟业。

就在西裕成的颜料生意如日中天时，嘉庆年间全国数省接连爆发了武装起义，加之灾荒不断，农业连年歉收，社会动荡不安，官饷、镖银时常被抢，给众多商家异地运送银两带来了极大不便。于是有商家向雷履泰求助，宁愿付一点汇费，把从北京捎往平遥的银两交到西裕成北京分号，再凭借雷履泰开具的汇票去平遥西裕成总号提钱，两得其利。西裕成也顺理成章地在各联号之间采用了以汇票代替镖局长途押运银两进行异地汇兑的办法。在资金一往一来产生的商业利润中，雷履泰这个富有经营头脑的平遥商人独具慧眼，很快洞察到了商机，意识到这种全新方式的资金流通所蕴含的潜在生命力，发现了呼之欲出的金融汇兑市场。因此在他的建议下，李大全出资30万两白银，将西裕成颜料铺改为日升昌票号，取旭日东升、财源昌盛的寓意。在道光三年（公元1823年）农历正月初一这天，张灯结彩，爆竹齐鸣，在热热闹闹的喜庆恭贺声中，西裕成铺面的门额上更换上了黑漆金字的"日昇昌"字号牌匾。从此中国的汇兑业务彻底改变了货币流通方式，取代了古代通过镖局武功长途押送银两进行异地汇兑的旧制。

日升昌票号主要经营存款、放款、汇兑，其中最主要的是汇兑业务。汇款人先将需要汇兑的银钱交付给票号上的柜台，由票号的伙计开具一张汇票，上面用楷书工工整整地写明汇入的银钱数额和汇款人的姓名、地址，以及收款人的姓名和地址，然后将汇票寄给汇入地的收款人。于是收款人便可凭此汇票到日升昌设在当地的票号兑换银钱。日升昌票号开业的第一年，便创下了盈利95632两白银，也就是相当于现在688.5504万元人民币的利润，令人瞠目结舌。

日升昌票号从创立时起就实行了股份制、聘用制、所有权与经营权两权分离制、大掌柜负责制、银股与身股同股同酬分配制等等，改革创新了一系列具有近现代企业管理性质的经营体制和管理机制。票号的股份分为银股与身股。"出资者为银股，出力者为身股。"票号由股份最多的财东李大全控股，并且由股东们组成

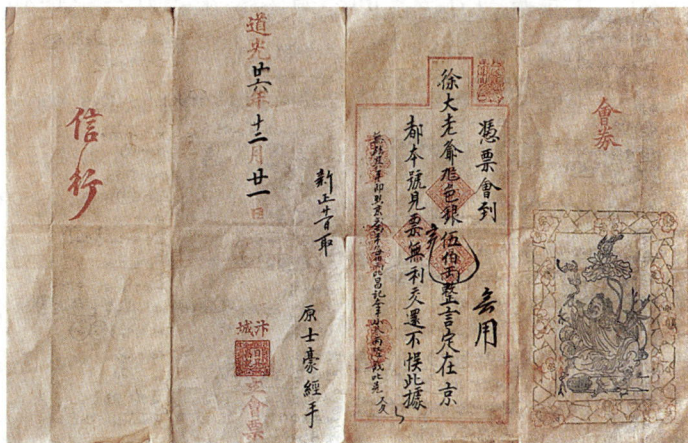

日升昌票号会券

董事会，所有的重大决策都必须在董事会上充分协商，一致通过。董事会的印章甚至也被分作若干，股东人手保存一块，只有全体股东达成一致意见，才能将各自手中局部的印鉴拼成一个完整无缺的印章，加盖在文书上面。在日升昌票号，股东拥有的所有权体现在两个方面，一是聘用大掌柜，二是合账分红，对于大掌柜的日常经营管理一般不予过问。而大掌柜则对票号全权负责，除了"扩充业务、赏罚同仁、处置红利"需要禀报财东裁定执行以外，票号内的人事与业务均由大掌柜一人定夺。日升昌票号始终把经营管理作为所有管理工作的核心，严格培训各个管理层面的经营人具备金融知识和诚信意识。票号掌柜特别注重资金的灵活调度，提高资金的使用效益，而且视诚信为生命，秉持"诚信待客、信誉为本"的理念，广泛招徕生意，赢得了各地客商的高度信誉。出于对金融汇兑特殊行业的安全保密考虑，日升昌票号首创了汉字密押，用拟就的五言十句古诗代表暗语，字面读来意境幽深，朗朗上口，然而有谁知道其实句子中的每个字都有特定含义，它们分别表示农历的年、月、日和银两单位的个、十、百、千、万。这些暗语写进汇票，在总号与分号之间只有大掌柜、分号掌柜和管账人心知肚明。而且每年都要不断更改五言诗的内容，确保不出差错。与此同时，还在汇票的四角独创了验票水印，面对光亮查看汇票时可见由四个角上的汉字水印所组成的"日昇昌记"。由于采取了安全保密措施，日升昌票号从公元1823年创立到1932年歇业，历经百年经营，金融汇兑业务从来都没有发生过泄密或窃密事件。

在那个封建专制的年代，平遥票号就已经十分重视企业的财务、人事、信息管理，而且设置票号协理，把一年一度的"巡边"督察和日常监督管理有机结合起来，贯穿到票号业务的各个方面。直到今天，当我们仔细研读这座被称做中国金融业鼻祖的票号时，仍旧不得不为平遥儒商雷履泰的旷世奇才所折服，也不得不为一个世纪前日升昌所积累、创造的经营理念、企业制度、管理机制和管理经验所震撼！特别是在中国计划经济体制向市场经济体制转型的过程中，甚至在人们不知所措地盲目引进外国现代企业管理模式时，倘若能够冷静思考，重视发掘和继承弘扬日升昌的文化遗产，岂不是如获取之不尽、用之不竭的财富源泉！

日升昌票号卓有成效的经营管理推动了它的汇兑业务长足发展，使它成为平遥商帮的领军者。在日升昌一个多世纪的经营中，最鼎盛时年营业额可达2000万两以上。它创造性地将汇兑业务从一般商业领域中剥离，并且借助资本雄厚、分

日升昌票号过厅南立面

号广布、信誉卓著的优势，迅速在全国建立起汇兑网络，开设分号35家，重点分号大多分布在我国东部沿海城市和南方城市，如上海、苏州、镇江、扬州、清江浦、芜湖、南昌、汉口、沙市、长沙、湘潭、常德、成都、重庆、广州、梧州、桂林、南宁、杭州、香港等商埠，并且将汇兑业务一直辐射到了俄罗斯和蒙古，与英国汇丰银行、麦加利银行，美国花旗银行，德国德华银行，日本正金银行等来华金融机构也有密切的业务往来，成为所有平遥票号在国内外设立分号最多、业务量最大、盈利最高的商家，创下了一纸汇票"汇通天下"的奇迹。至今在日升昌票号过厅南向的门额上还悬挂着"丽日凝辉"的匾额，檐廊立柱上原封不动地保留着当年书写的一副楹联，黑漆的椴木瓦对篆刻着两行鎏金大字：

日丽中天万宝精华同耀彩
昇临福地八方辐辏独居奇

饶有趣味的是，这副藏头楹联的上联与下联前缀分别巧妙地藏入了"日"、"昇"二字，祝福"日昇昌"如日中天，辉煌永昌。如今楹联虽已老旧，但却透着历史的厚重与沧桑，迎着巡天丽日抒怀，成为千古绝唱。

二、执牛耳平遥票号一纸汇通天下

在中国的金融史上，日升昌票号出现之前，没有专营汇兑业务的金融机构。虽然国内早已有了钱庄和银号的存在，但是票号毕竟比钱庄、银号又高出了许多层

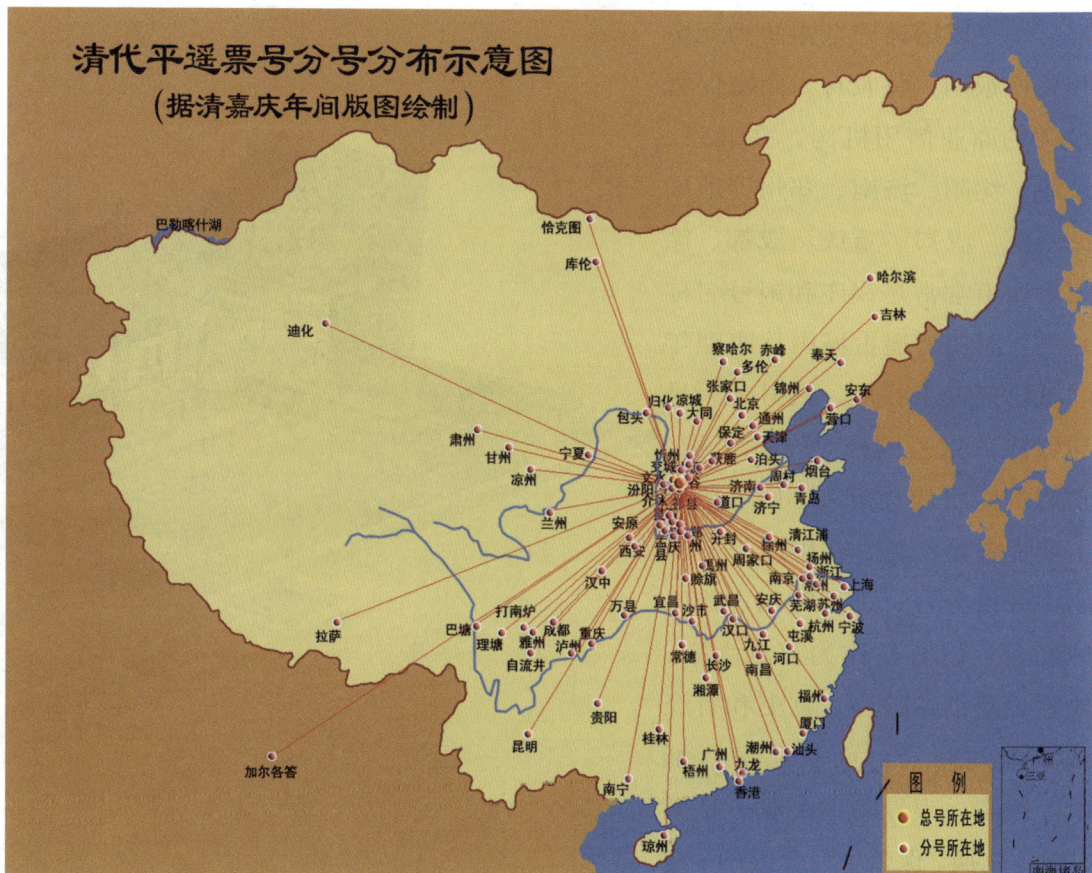

清代平遥票号分号分布示意图

次。钱庄早期叫钱肆、钱铺，是由私人经营的金融商店。小的钱庄仅从事银钱货币兑换的业务，规模大的钱庄除了兑换银钱货币外，还办理存款、放款业务。它们主要分布在江苏、浙江、福建一带，在北方有的城市也出现了大大小小的钱庄。

银号则是以熔铸碎杂银两为元宝和兑换银两，并兼有为商家保管银两的商业信用机构，在北京、天津、沈阳、济南、郑州等地屡见不鲜。汉口、重庆、成都、徐州等城市常常是钱庄和银号名称并用。而在平遥古城内从康熙年间就已开设了钱庄、银号，票号与钱庄、银号同样是金融机构，它们的性质却有很大不同。票号主要业务是汇兑，在国内外各大商埠开设分号，进行跨国、跨区域经营，以官款作为存款大宗，放款也只借给钱庄、官吏和有经济实力的商号，而且还发行纸币。钱庄、银号的主要业务是做贴现、兑换、保管、买卖银两、交换票据，并不发行纸币，业务范围也只限于在本地，不在外埠设分店，存放款的对象是一般商家。因而钱庄和银号的商业利润与票号相比，望尘莫及。显然票

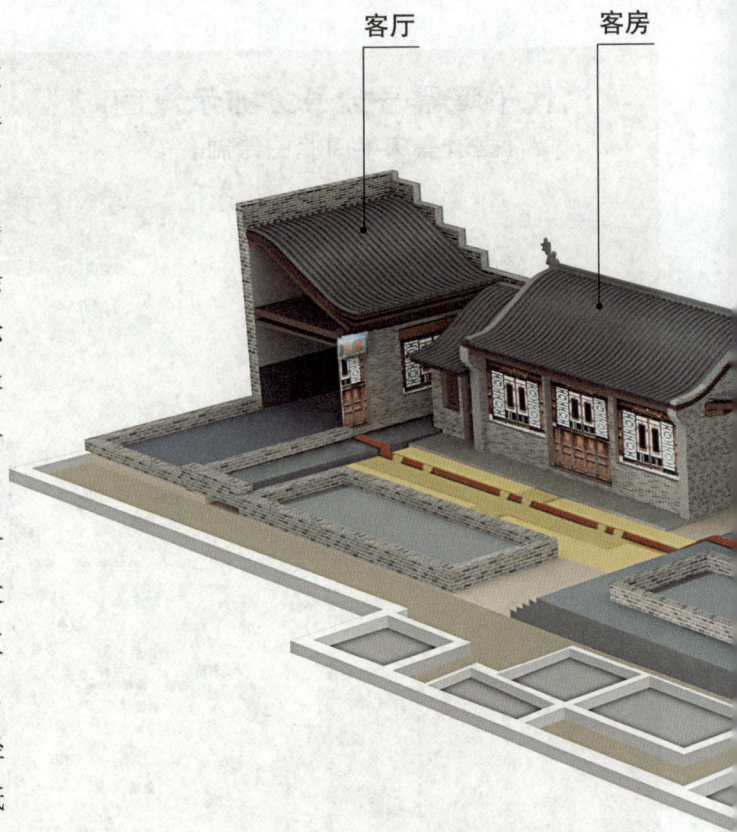

客厅　　客房

日升昌票号建筑剖面图

掌柜办公　　　过厅　　　　　　信房　　　　　柜房　　　　　临街铺面

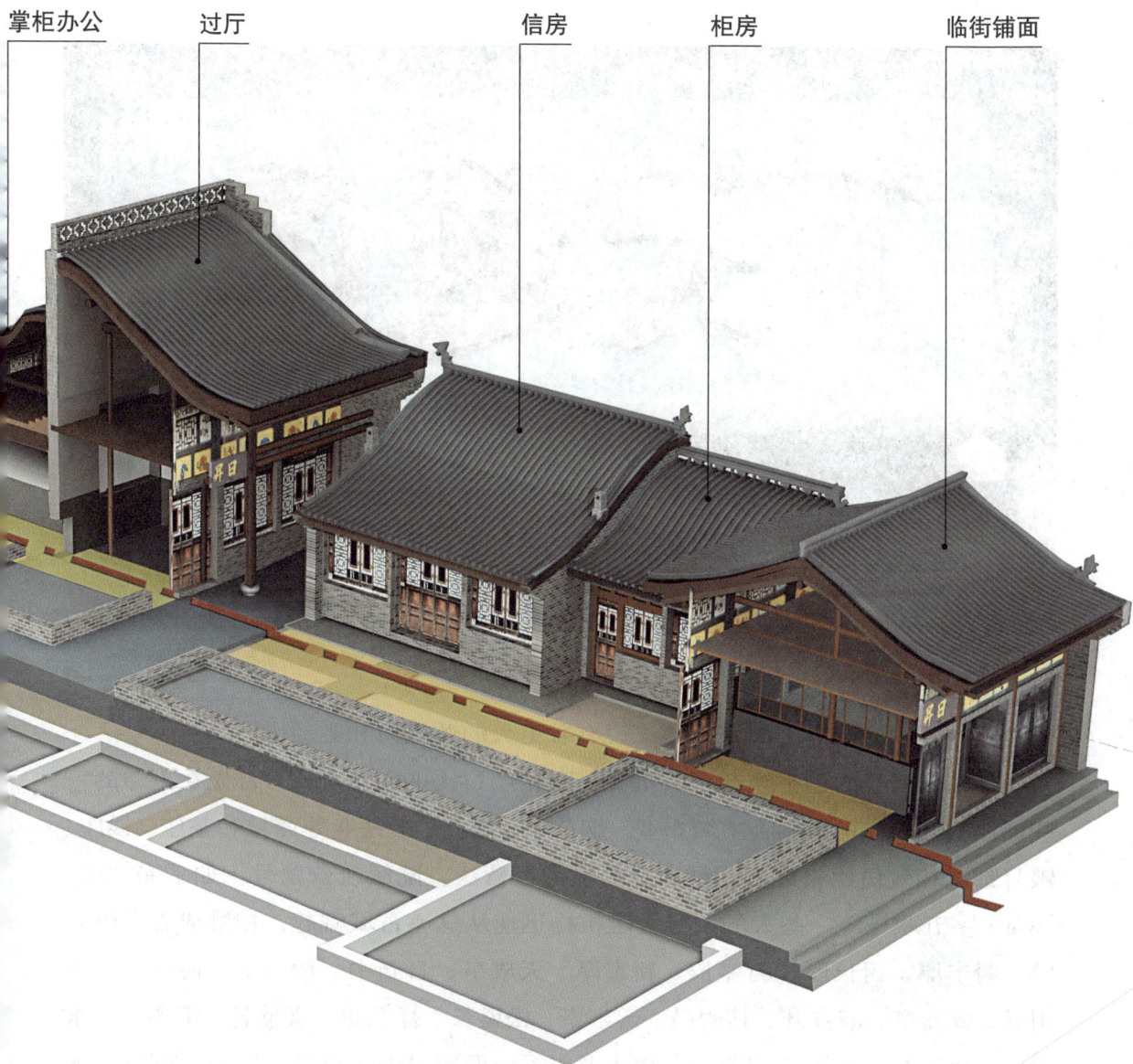

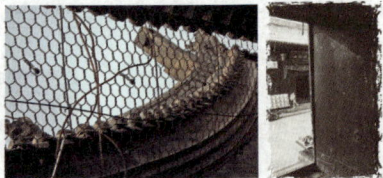

日升昌票号一纸汇通天下

号汇兑业务的经营对于商家巨贾来说有着更大的诱惑力和驱动力。

日升昌票号的创举唤起了一批又一批精明过人的山西商人。首先在平遥的一些商业利润较高的颜料业、绸布业、烟草业、盐业、冶铁业等商号和茶庄、钱庄、银号都竞相效仿西裕成颜料铺改弦易辙的经营法，陆续改营票号，如平遥"蔚"（wèi）字五联号等一些大的票号金融机构迅速从这座古城崛起，相继成立了蔚泰厚、蔚丰厚、蔚长厚、蔚盛长、新泰厚、天成亨、日新中、协和信、协同庆、百川通、乾盛亨、谦吉升、其德昌、云丰泰、松盛长、祥和贞、义盛长、汇源涌、永泰庆、永泰裕、宝丰隆等票号，初步形成了山西票号的平遥帮。以后晋商效尤成

移动木梯　　炉灶　　地下金库

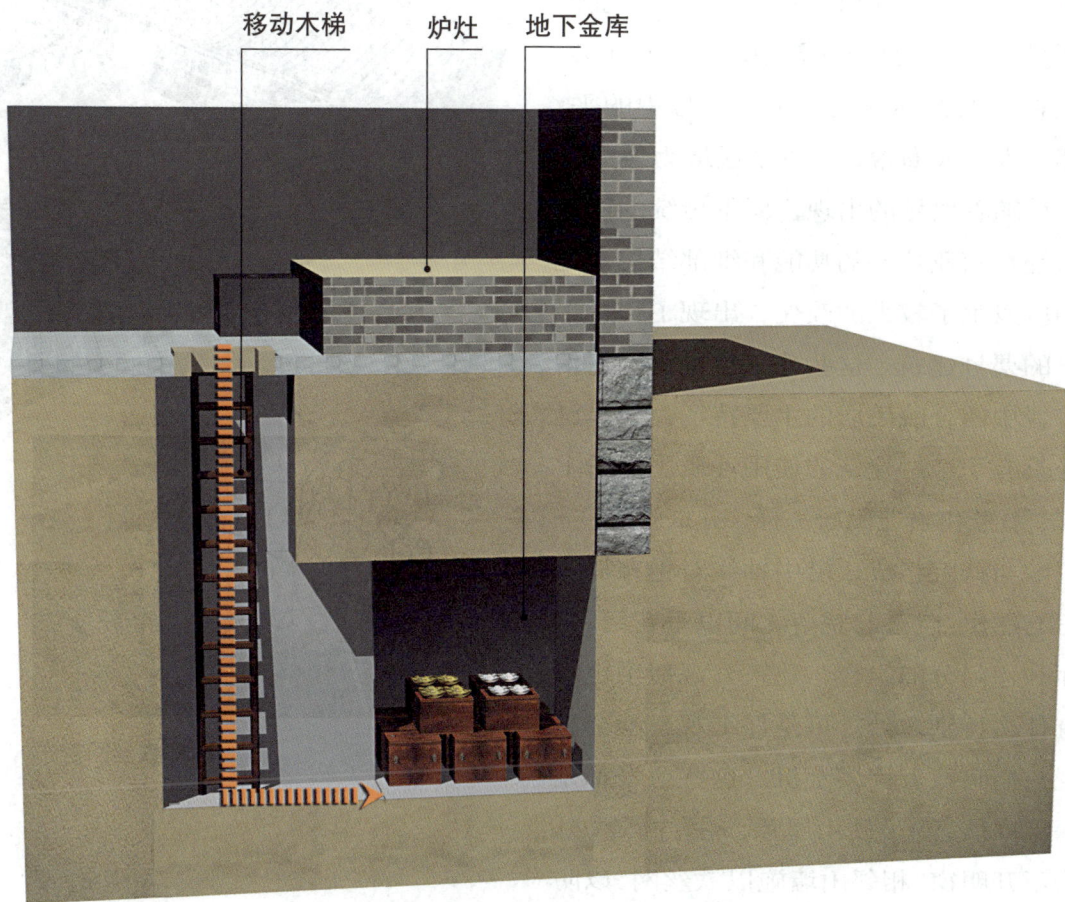

日升昌地下金库示意图

风，短时间内又出现多家专营货币业的票号，票号总部设在晋中的平遥、祁县、太谷三地，逐渐成了山西票号中的平、祁、太三大商帮，尤以平遥最为集中。

随着票号的出现，原本传统的商家店铺在商业建筑的功能和细部结构上也相应发生了较大的改变，出现了一批最早的票号建筑。这些建筑虽说仍旧保留着晋中四合院民居的主要特征，但是已经具有了金融建筑的使用性质。乍看上去，票号和当地民居一样，由二进院、三进院与跨院组成，沿中轴线对称布局正房与厢房。院落与院落之间以垂花门、过厅和边门分隔组合，建筑外观似乎也没有什么特别之处。可是仔细观察就会发现它们暗藏着许多玄机。这些票号都是深宅高墙，单坡硬山屋顶，屋脊高耸，外墙不开明窗，相邻山墙施以铁丝网，以防范盗贼攀墙而入和火灾蔓延。墙体的厚度与高度超过了民居建筑，也为一般商铺所不及。院落大多设有前后两处入口，临商业街的入口设在门面正中，砌筑数

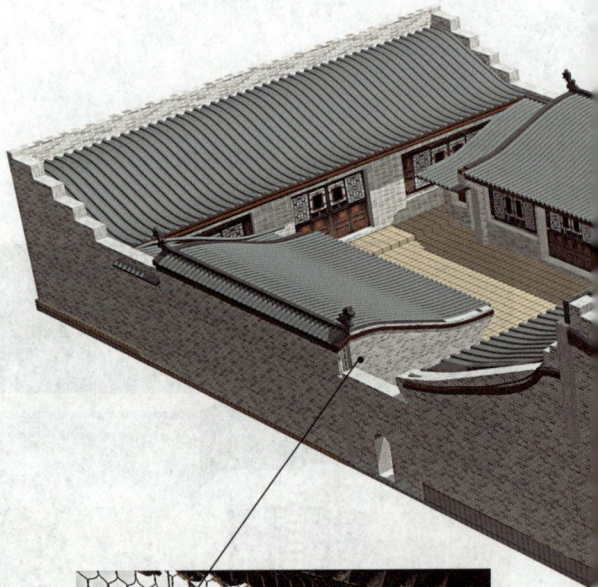

墙间铁丝网密布

日升昌防盗设施示意图

设在柜房炉灶前的
地下金库入口

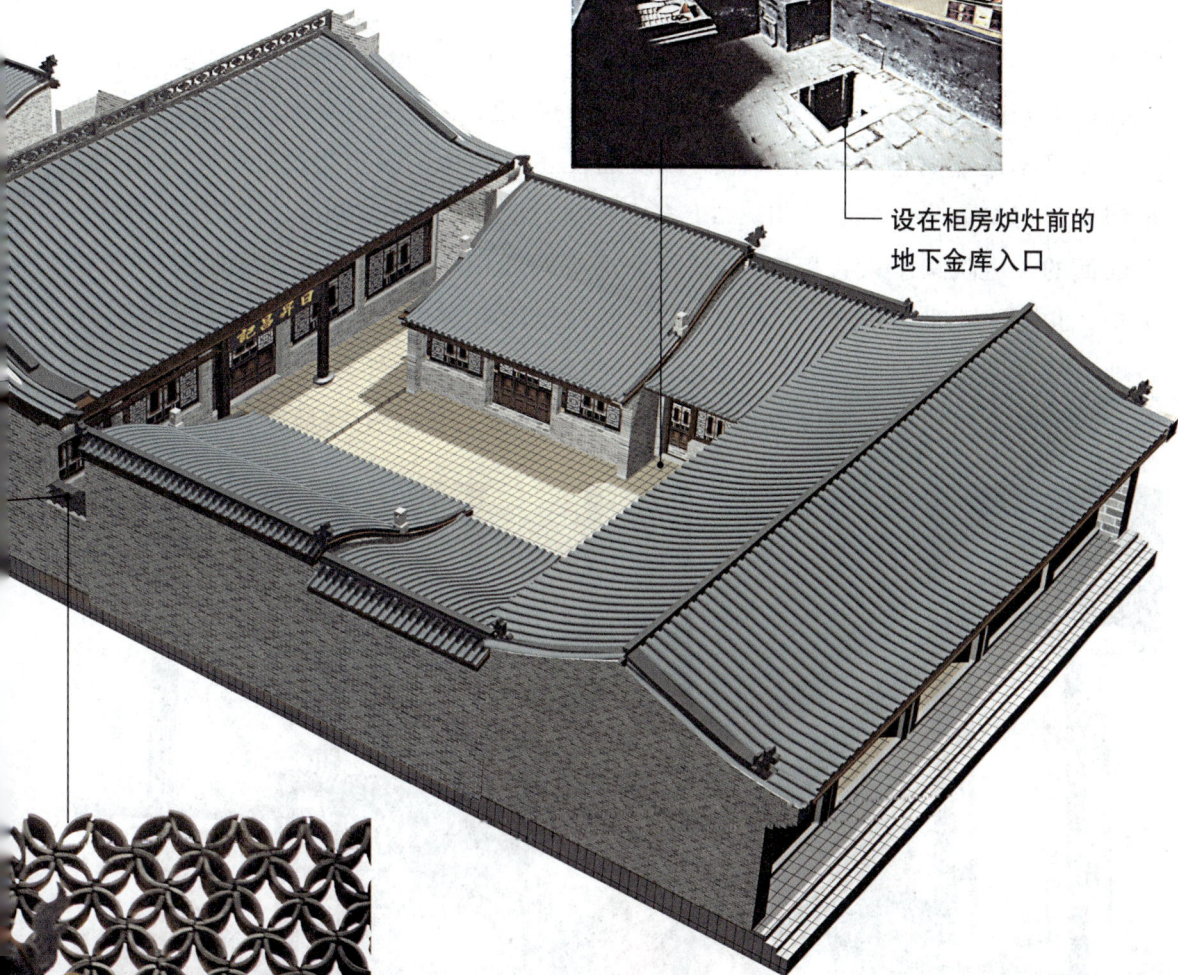

墙间设有活动瓦片

级青石台阶，方便客商登门联系汇兑业务。另一处入口设在跨院或者偏院，面向次要街巷开圆拱大门，用石板铺成坡度平缓的夹道，主要供票号内部人员进出，同时便于马车运输财物和银两。跨院、偏院通往正院的边门狭窄得只能一个人出入。平遥票号每个商号都拥有十几、二十多座建筑，然而功能分区明确，布局井然有序。在前面的一进院集中设置柜房、信房及账房等营业用房，二进院或过厅建筑为票号掌柜，也就是经理的办公、会客之所。后院建筑设有客房、厨房与餐厅，用作接待各地分号返回平遥总部经办业务的伙友。整座院落做到内外有别，互不干扰。

因为是金融机构，所以确保汇兑业务和银两储存的安全性是建筑的关键。票

票号信房内景

协同庆票号门楼

号建在繁华闹市，每天都有客户出出进进，又有数额可观的金银财宝拉进拉出。金库、暗道、密室对于票号来说自然必不可少，票号掌柜也会各出奇招。然而谁也不会料到，有些票号的暗道、密室和地下金库就在客户频繁的一进院，甚至在客户熟视无睹的柜房里。这样的构思恰恰是票号掌柜利用了常人习惯于恪守固有的思维定势，而有意采取逆向思维方式，令人出其不意。如日升昌票号用来随时收银、放银的地下金库便设在人来人往的柜房，金库的洞口居然暗藏在土炕前的脚踏板下。为了防止房门的门栓被刀拨撬，两扇平开厚木实榻门之间的掩缝做成"L"形的企口缝，闭合紧密，安全保险。协同庆票号利用室外地形的自然落差，采取错层接地方式，在沟坡上下建成二层建筑，将金库设在底层，通过砖砌楼梯暗道与二层

协同庆票号桥亭下设金库

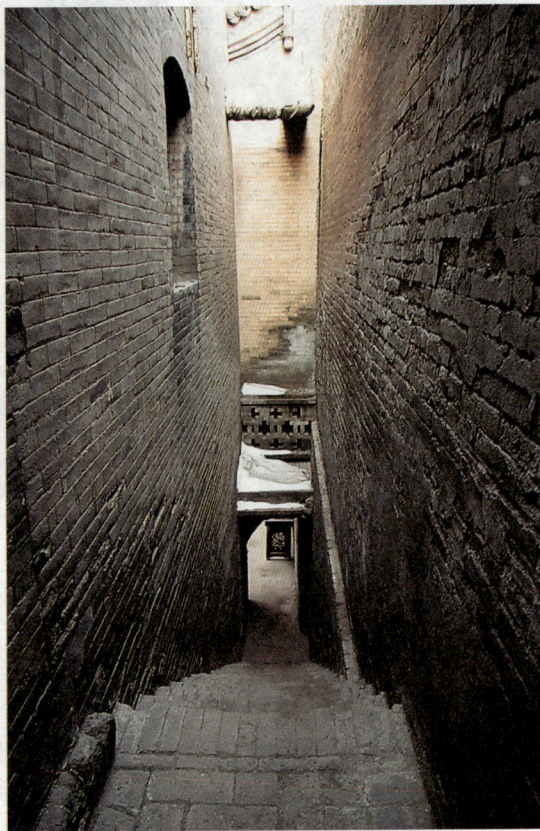

通往桥亭下金库的楼梯暗道

柜房相连。暗道入口表面安装普通厢房门扇，造成平常居室的假象迷惑局外人。

可以这样说，票号建筑是特定历史阶段经济、社会和思想文化的产物，对于近代金融建筑的形成曾经发挥过重要的承启作用。它的建筑创意和历史沿革留给了人们太多的启示与深思。

票号具有明显的地域特征，多为山西人经营，故被称做山西票号和晋商票号，同时又被票号中人称为西号。这些票号集中在晋中的祁县、太谷、平遥一带，分成三大帮。平遥票号帮则是山西票号的代表，经营活动的势力控制着国内西部、西北及长江大部分地区。祁县票号帮则控制着平津和东北。而太谷票号帮控制广东和长江。清咸丰十一年（公元 1861 年）平遥票号进入蓬勃发展时期，分号总数增加到 367 个，遍布在全国 68 个城市和商埠重镇。光绪年间票号发展到

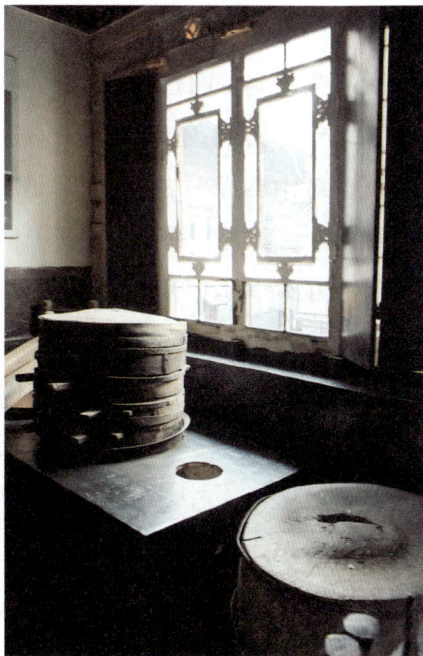

票号内厨房

极致，当时全国总共有 51 家票号，设在平遥古城的票号总部就达 22 家，占全国票号总数的 43.14%，操控了全国的金融商业资本，实现了"交银于此，取银于彼，从无空票"。就连中日甲午战争以后，清政府对日赔款也由日升昌、蔚泰厚、蔚盛长、百川通、协同庆等票号包揽一些省筹款的债款汇兑。

道光二十二年（公元 1842 年），中国近代第一个不平等条约中英《南京条约》签订。清政府为了筹集 2100 万两白银赔款，决定加派各行省承担赔款银两，令各

省将银两汇解到指定口岸。日升昌票号抓住机遇，让川、陕、豫、鄂各分号主动联系这些行省，通过汇票将现银如期运送给朝廷，博得了道光皇帝的欢心，称赞："好一个日升昌，还能汇通天下。"于是日升昌名声大振。此后义和团运动时期，清朝政府对山西票号的依赖更是有增无减，下令各省解京饷款一律电汇到山西票号总部。平遥票号一下子变成了清政府财政出纳的一个总代理机构。庚子赔款开始以后，再次承担了清政府汇兑巨额赔款的业务。

平遥票号创造的财富及其流通的汇票，表现出了良好的信誉和流通能力，赢得了"汇通天下"的美誉。人们在平遥古城申报世界文化遗产的过程中才真正发现了平遥，认识了平遥票号的历史地位和珍贵价值。于是有人激情惊叹，把曾经是中国金融汇兑中心的平遥南大街比作象征金融帝国的美国华尔街。然而南大街毕竟与华尔街的命运不同。华尔街从350多年前"一块墓地和一条河流之间"长不足500米的小街成长成为当代世界金融体系的中心，在美国资本市场发展的每一个阶段始终扮演着重要角色。而平遥票号根植于封建制度上，在20世纪初华尔街刚刚成为世界金融中心的时候，随着赖以生存发展的最后一个封建王朝倒台，国家银行和地方钱局竞相建立，以及来自外国银行对国内资本市场的不断冲击，终于自行关闭，从而导致了平遥南大街独占全国金融汇兑中心地位的悄然陨落。

平遥票号的命运或许是历史的必然。但它无愧是中国金融汇兑业的开拓者，在清代商业资本市场的形成发展中起过核心作用，就连清朝政府苟延残喘的最后几十年，财政极度匮乏，也不得不依赖平遥票号周转银钱。不仅如此，平遥票号经历百年风云，也为山西乃至中国造就了一代理财精英。据说直到20世纪80年代，遍布全国各省市的理财能手和财政大员还有相当多来自素有天下晋商之称的山西。这大概也得益于平遥票号留给人们的无价遗产。

第七章 古代多元崇祀文化及庙宇寺观

中国是一个多元崇祀的国家，上古时期就把崇祀神祇(qí)视为国家的大事。从天、地、日、月、星、辰，到山岳、河川、神祇，以及先贤、哲人，世间万物几乎都是民间崇拜祭祀的偶像，而且诸神各安其位，有着专门的崇祀制度和专司崇祀的庙宇寺观，形成了传统的崇祀文化。

中国的多元崇祀文化根深蒂固，无处不在。民间崇祀向来以儒、释、道为根本，神祇崇拜偶像大体可以归为天神、地祇、人鬼三类。进入明清社会，民间多元崇祀异常活跃，而且出现了儒、释、道"三教合一"的文化倾向，在尊儒祭孔的同时奉佛崇道。多元崇祀文化深入到寻常百姓人家，芸芸众生常以自身现实利益去领悟神灵世界，出于现实利益需要，或求纳福，或求升迁，或求长寿，或求生财，或求丰收，或求吉祥，或求健康，或求子嗣，即使百工技艺，也会各拜一神。总之，为了求得一种功利或一时功利，放任自由信仰崇祀，出资兴建的庙宇寺观比比皆是。

平遥作为一个县治所在，直到现在，古城内外仍保留着各个历史时期遗存的六七十座规模不等的庙宇、佛寺、道观和民俗杂祠，神祇奉祀令人眼花缭乱。其中有40多座建造于明清时代，折射出了这一历史时期我国多元崇祀的思想文化特征，成为明清社会世俗生活神异化的缩影。在这些庙宇寺观中，不乏中国古代建筑艺术的经典之作，成为传世珍宝。

孔子画像

一、见证传统文化主流的儒学圣殿

在世界上，似乎没有人怀疑主导中国传统思想文化的是儒学学说。而能够见证儒学引领中国主流文化的圣殿唯有文庙。文庙是中国特有的专门祭祀文圣孔子的礼制建筑。

孔子姓孔，名丘，字仲尼，是春秋末期伟大的思想家、政治家和教育家。他在中华民族上下五千年的历史长河中，集前世之大成，开后世之新统，成为影响中国历史进程和建立中国文化思想的空前绝后第一人。在孔子之前的2500年，中国先民已经在社会实践中自发创造了中华文明。孔子的巨大贡献在于对早期的中华文明和传统文化进行了系统整理，创立了以礼、仁为核心思想的儒家学说。尤其是在汉武帝实行了"罢黜百家、独尊儒术"的政策以后，以孔子为代表的儒家文化和儒家思想逐渐成了国家的理念和意识形态。作为中华文明的主体，不仅在孔子之后中国2500年历史上始终占有思想文化的主导地位，而且传播到了朝鲜、韩国、日本、越南、马来西亚、新加坡等国，影响了整个东方世界，被誉为东方文明的象征。儒家文化与儒家思想在世界各地的广泛传播，也受到了西方许多著名思想家、学者和政治家的尊崇。孔子因此与那些创造并影响了人类文明历史的柏拉图、亚里士多德、阿奎那、哥白尼、培根、牛顿、达尔文、伏尔泰、康德等西方最具代表性的哲人一起，被列为世界十大思想家，而且排在了十大思想家之首。

儒家思想文化是阐明宇宙和人生的哲学。孔子一生倡导以礼序为社会规范和以仁爱为伦理道德的主张，并融合其他学派的思想，建构了汉代以后中国传统国家制度与社会秩序，成了维系社会稳定和发展的基石。综观历朝历代，即使在北

大成殿匾额

魏鲜卑族、辽代契丹族、元代蒙古族和清代女真族入主中原，统治中国的漫长时代里，也同样依靠着儒家思想文化治国安邦。

于是孔子以他的伟大人格被后世尊为"大成至圣文宣王"、"万世师表"，并被顶礼膜拜。中国古代的庙宇建筑原本属于专事宗庙祭祀的场所，由于尊儒的需要，这种具有特殊功能的礼制建筑便由祭祀祖先延伸到了祭祀文圣孔子，故此名之为文庙。而文庙的主殿因为奉祀着"大成至圣先师"，自然也就有了大成殿的名号。

在中国古代，尊儒祭孔是社会生活里的一件不可或缺的大事。从天子脚下的都城到每个府、州、路、县，文庙几乎无所不在。然而最初祭孔的庙宇还不叫文庙，而是叫做孔子庙，简称孔庙。春秋时期鲁哀公在曲阜阙（què）里建造孔子庙时，庙宇的功能并不在祭祀，而是用来珍藏孔子的衣冠琴车书等物品。两汉至魏晋南北朝，随着历代帝王对孔子的加封，孔子庙逐渐盛行起来。唐贞观年间太宗李世民诏令各州兴建孔子庙，孔庙开始很快遍布全国各地。孔子庙改称文庙，则是在孔子被加封"大成至圣文宣王"以后的事。元代时全国各地的文庙祭祀属于国家祀典内容之一，必须按照礼制规定在春秋仲丁之日派遣官员行释奠礼。这一时期建造文庙的活动最为兴盛，很多文庙都在元代进行了重建、新建、改建或扩建。到了明代，府、州、县建造的文庙数量超过了1500座。至今国内还有20多座文庙保存比较完好。平遥古城的文庙大成殿重修于金大定三年（公元1163年），是国内现存文庙中罕见的早期建筑，也是一座见证弘传儒家思想文化的儒学圣殿。

据《平遥县志》记载，平遥县一向就有祭孔的礼俗，"崇儒重道，圣教覃（tán）敷（fū），每当春秋上丁，祭豆告虔，盖其仪文备至，典礼特隆"。这样的礼孔制度一直延续到公元1945年才最终废止。

平遥古城的文庙始建年代不详，按照礼制建筑的等级虽然属于县级文庙，既是专门祭祀孔子的场所，又是平遥县县学的学堂，但是在建筑规模上较之府文庙毫不逊色。文庙按照"左文右武"的形制布局，建在古城东南隅，规模宏大，占地面积8649.6平方米，现存建筑3472.3平方米。庙宇坐北朝南，由三组并立的建筑群组成，建筑布局形制均衡对称，主次分明，空间变化疏密有致，保留着元明以来文庙祭祀建筑的特征。

根据元代庙附于学的布局特点，位于中央的一组是文庙，文庙左为东学，右为西学，庙与学联为一体。学堂分作东、西学，实际规模都不大。不过在实行科举制度的封建社会，"万般皆下品，唯有读书高"的思想，始终主导着人们的精神追求和价值取向。"学而优则仕"的人才选拔录用，使得唯有通过学堂教育才能"入仕"，出人头地。故而将文庙的尊儒祭孔祀典活动与学堂教育结合在一起，是对读书人的一种精神寄托和熏陶，或者说是一种殊荣和礼遇。生员学子在这样的学堂里苦读寒窗，为求一世功名。文庙和学堂便成了读书人踏上仕途的理想所在。一旦金榜题名获得状元殊荣，回乡祭孔时便可享受到特殊礼遇，不必绕行城门。而是在城东文庙前的城墙上，专门为本县考中状元的学子架设一道"云路"木登道，让状元公经由"云路"直接进入城内，象征着平步青云。这无疑是对读书人的一种莫大激励，自然促进了平遥县的教育。平遥的县学教育以及后来开办的小学、中学和女子学校，最初也都根植在这里，如今算来平遥学堂教育至少也有将近1000年的历史。

清光绪八年（公元 1882 年）平遥县文庙图

文庙大成殿与祭孔广场

　　文庙以大成殿为中心，前后五进院。据县志记载，元明两代时按照形制的规定，文庙的设施一应俱全。这座文庙中轴对称的布局特征突出，包括所有建筑在内，都严格按照礼制规范设计建造。

　　在文庙的中轴线上依次排列着棂星门、泮池、泮池桥、大成门、大成殿、明伦堂、敬一亭、尊经阁等主体建筑。棂星门前建有照壁，东西两侧的云路街上分别竖有"德配天地"与"道贯古今"跨街牌坊，并且由棂星门、照壁和牌坊围合成了庙前广场。广场东、西两侧均竖有下马石，上面刻有文武官员和军民人等到

大成殿墙体收分翼角舒展

此下马下轿的字样。因为按照古代礼制的规定，无论卿相百官，还是仕族乡绅，乃至黎民百姓，来到文庙门前都要停轿下马，先入内谒庙，后办政事或他事。

进入棂星门后的一进院，设有半圆形的水池，按照儒家的解释称做"泮池"，泮池上架设一座通向大成门的拱桥，用以节制观者有序通过。院落东西两厢对应，分别设有更衣厅、名宦祠、斋宿所、乡贤祠。大成门面阔五间。门内的庭院南北纵深较大，是祭孔广场，正对面为高大巍峨的大成殿，东、西两侧被称做廊庑（wǔ）的房子各有九间，用来排列100多位被祭祀的孔门弟子和历代贤儒的神主。祭祀活动中用来制作祭品的神厨在东庑南端，收藏祭器的神库在西庑的南端。大成殿东西各有三间腋门与第三进院相连。第三进院的主体建筑是供学官视事和生员集会使用的明伦堂，也就是通常所说的学堂和讲经堂。明伦堂的面阔为五开间，堂东建贤侯祠三间，堂西建忠孝祠三间。时习斋与日新斋分列东西两旁，在时习斋与日新斋的南面各开一门，通往东学和西学。明嘉靖七年（公元1528年），世宗朱厚熜诏令全国文庙增建敬一亭，用于皇帝御制《敬一箴（zhēn）》以及范浚所作的《心箴》和程颐所作的《视听言动四箴》的碑刻，作为天下士人的规诫和座右铭。故而平遥县于嘉靖二十年（公元1541年）在文庙明伦堂后面建成了敬一亭，不久又于隆庆四年至六年（公元1570~1572年）在敬一亭的后面修起了尊经阁。至此，这座县级文庙按照元明两代的布局形制全部建成，气势磅礴。现存文庙格局没有变化，除了大成殿、东西廊庑和明伦堂保存基本完好以外，其余建筑均已拆毁。直到平遥古城列入世界文化遗产后，文庙才又陆续重建，恢复了昔日的完整风貌。

在平遥文庙的诸多建筑里，大成殿属于全国重点文物保护单位。它的建筑艺术弥足珍贵，堪称罕见的国之瑰宝。

大成殿坐落在1米高的台基上。台基由青石砌筑的台明和月台两部分组成，板式栏杆环绕。月台的东、西、南各设青石台阶，南面的台阶叫正面踏跺，东西两侧为抄手踏跺。正面踏跺的制式采用了高等次的御路踏跺，中间设有石雕图案的御路石，显示出大成殿的至尊至贵。大殿面阔和进深各五间，单檐歇山屋顶，斗拱硕大，出檐十分深远。屋顶式样属于"九脊殿"，在等级上仅次于庑殿顶。屋面以布瓦覆盖，采用琉璃脊饰。大殿的立柱有侧脚升起。柱头之间的木作构件普柏枋出头，而阑（lán）额不出头。檐柱直径0.47米，高5.11米。梁架采用十架椽的结构形式，前后搭牵乳栿（fú），用六柱。内柱之间采用复梁拼成草栿承重，草栿隐藏在天花板上，并不直观，属于未经艺术加工的房梁。在它的上面用四椽栿、平梁、叉手、侏儒柱、驼峰等层层支叠。梁枋断面大多为3：2，体现了宋金时代的木构技法。草栿以下设天花板，天花板中央的藻井装饰用小型斗拱叠架而成，制作规整精巧，富有

刚劲雄浑的大成殿斗拱

深度感。屋架的高度7米，和前后檐椽的距离比为1:3.7，略低于宋《营造法式》的规定。斗拱有柱头铺作和转角铺作两种结构，而柱与柱之间的铺作结构称为补间，铺作采用大斜梁代替。柱头斗拱七补作，双抄双下昂重拱偷心造，昂为批竹昂，耍头蚂蚱形，铺作总高度为2.275米，出挑总深1.695米。每两个柱头的铺作之间，放置一道长大的斜梁，外端搭在罗汉枋上，以承托一种叫做撩檐榑（fú）的构件，梁的后尾安置在内槽的柱头枋上，以代替补间铺作。

为了满足祀典活动对于大量人群集散的需要，殿内采用了减柱手法，减去了明间的两根柱子，因而增加了大成殿内部空间的宏阔宽敞感。大成殿明间和次间的正面均采用木制隔扇门，稍间做直棂窗。大殿正面稍间与东、西、北三面均砌1米多厚的檐墙。综观大成殿的平面布局、用柱方法、斗拱梁架结构以及歇山出际形式，都具有我国早期木构建筑的特征，出自宋代的《营造法式》，属于宋代建筑体系。尤其采用檐下大斜梁取代补间铺作的技法，实为现存古建筑中罕见的特例。

平遥的崇儒重道之风不只体现在县文庙的精心建造和每当春秋上丁时节隆重的祀典活动，而且还深入乡间村里。

就在距离平遥古城不远的一个叫做金庄的小村落，至今仍保留着一座由十进士捐资建起的文庙。传说元代延祐年间，有十位秀才结伴进京赶考，行至金庄，夜宿在村内五爪柏树下的塾堂里。这一夜他们都梦见孔子和他的四大门人飘然而至，

金庄文庙

在五爪柏下坐坛讲学。秀才们醒来以为孔圣人显灵，连忙一字排开，对着牌位仙柏行了大礼，许下心愿，随即赶赴京城。十人一举金榜题名，中了进士，故而感恩戴德，又到金庄还愿，捐资重新修起了文庙。文庙的大成殿坐北朝南，面阔三间，两坡硬山屋顶，从外观看上去与当地的村舍房屋并无两样。然而屋内至今还保存着一组彩色塑像。塑像如真人一般大小，其中孔子形象的塑造与通常经过艺术化了的孔子像迥然有别：高额头，深眼窝，牛鼻厚唇，面色黝黑，真实地再现了我

金庄文庙元代孔子塑像

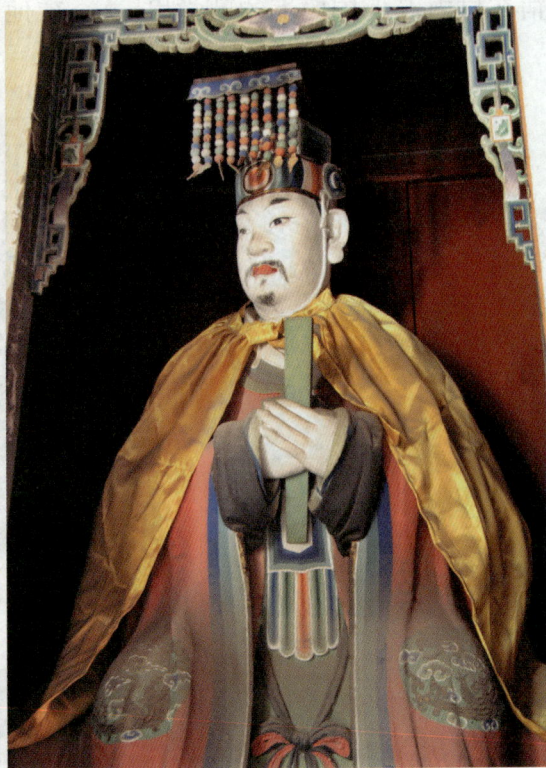

金庄文庙十哲彩塑

国历史文献最初记载的孔子的相貌特征。在孔子彩塑的东西两侧，还排列有他的十哲弟子彩塑，仪态端庄。由于儒学的传播方式和佛教、道教的弘传方式不同，主要不是通过造像，而是采用画像和著述，因此如同金庄文庙这样，用彩塑为孔子和他的弟子立像，在国内颇为少见。尤其这尊孔子像创作于元代，这在中国现存的文庙建筑中实在绝无仅有。

平遥古城的县文庙与金庄文庙作为儒家思想文化的载体保存到当代，是儒家文化和儒家思想深入民间的实物例证。文庙建筑的构思、形制特征、建筑技法、建筑艺术所传递出来的历史信息和伦理观念，典型地展示了中国古代崇儒重道的思想文化特征，无愧为东方文化的一朵瑰丽奇葩。

二、崇尚忠勇信义道德伦理的武庙

武庙又称关帝庙，是奉祀三国时期蜀国名将关羽的庙宇。在中国传统的崇祀文化中，关羽是忠勇信义的化身，他的人格魅力备受帝王推崇，也深得民间爱戴，被后人推举为集"忠"、"信"、"义"、"勇"于一身的道德楷模，成为中国封建社会上至帝王将相，下至士农工商顶礼膜拜的神圣偶像。

历代君王都把关羽奉若神明，加封褒奖，溢美之词无以复加，以至到了明清时期封作"武圣帝君"，与文圣孔子齐名，具有了同等重要的地位。据说明代开国皇帝朱元璋就认为自己在推翻元顺帝的征战中，得到了关羽的神力鼎助，所以建立大明王朝后不久，便在金陵城（今江苏南京）的鸡鸣山南面建造了关羽庙，把关羽奉为佑国的神灵。直到明朝迁都北京以后，还将关羽"庙祭于京师"。正是在

历代君王的宣扬推崇下，中国古代社会才形成了文有孔子、武有关羽的道德伦理观念。到了明清两代，孔子和关羽更是家喻户晓的崇祀神灵。武庙也像文庙一样遍及全国各地，纳入了国家祀典的内容。不仅如此，关羽还被兵家尊为武圣，被商家奉作财神，被寻常百姓崇拜成祈福消灾保平安的神明，就连佛门也尊祀关羽为护法伽（qié）蓝神，道教则敬关羽为"义勇武安王"，于是在中国便形成了上层社会与底层民众同享，而且佛教和道家两大不同宗教共祭同一位圣贤的奇特崇祀现象。

关羽是山西解（xiè）州人，故而山西人对关帝崇祀的情结无以复加，不仅所有县城都建有关帝庙，而且随着晋商在全国各地的经商活动，所到之处必定兴建山西会馆，馆内必建奉祀关帝的坛庙、戏台。平遥同样如此。古城内赫然有名的一座武庙建在了书院街西口的路北，最初

乐楼

前殿

鼓楼

山门

牌坊

照壁

正殿

牌坊

西配殿

中殿

西配殿

东配殿

东配殿

钟楼

牌坊

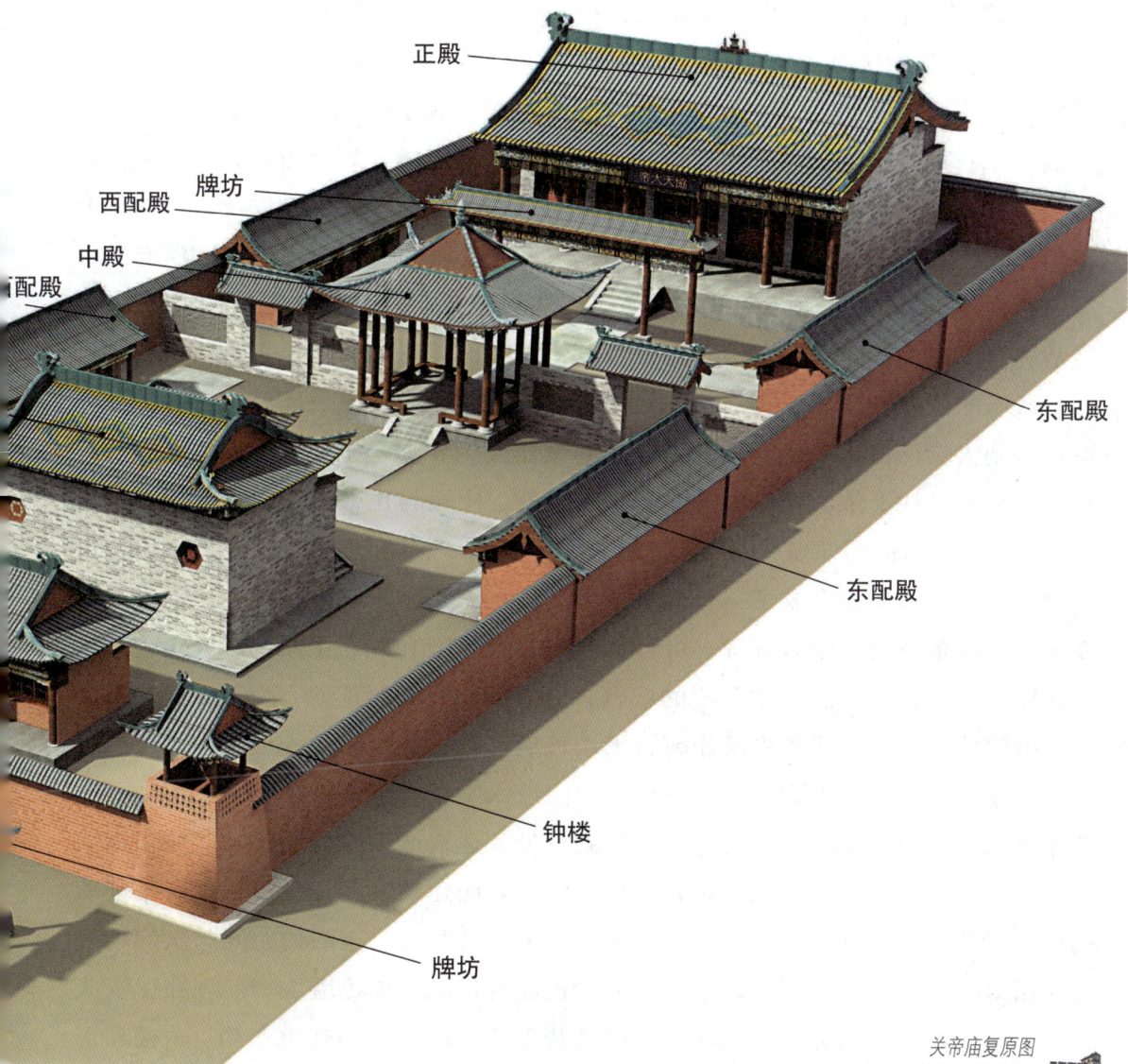

关帝庙复原图

建于元代，称做关侯庙。明万历四十二年（公元1614年）神宗朱翊（yì）钧敕（chì）封关羽为"三界伏魔大帝神威远镇天尊关圣帝君"，并在五年后正式加封冕旒（liú），把关羽在人们心目中的形象提升到了仅次于天子的武圣帝君之尊。于是在人们看来，关羽生前是一个忠勇神武、义气千秋的英雄，死后也是镇静方隅、降妖伏魔的威神，唯敬关帝，才能够逢凶化吉，遇难呈祥，保一家安康，佑四季升平。从此民间祭祀关帝的香火达到了鼎盛。平遥古城的关侯庙也像全国所有的关羽庙那样，将原来的殿顶灰瓦改施为琉璃，庙也因此而改为关帝庙，简称武庙。后经清乾隆、道光、同治年间历次复修补葺，现在保存下来的建筑多为清代所建。

武庙的位置与文庙遥相对应，以南大街为对称轴，文武二庙一东一西，分列在古城南大街两侧。武庙的建筑形制也与文庙颇为相似：坐北朝南，呈中轴对称布局。在中轴线上依次建有山门、乐楼、献殿、中殿与正殿。山门外的两侧砌有八字影壁墙，对面为照壁，山门前东西向分别竖有"忠昭日月"和"义贯古今"过街牌坊，在庙的前面形成了一个面积不大的广场。武庙内东南和西南两隅原有钟鼓楼。正殿东西两厢建有廊庑。可惜如今抱厦式献殿和武庙中殿已毁，仅存乐楼与正殿。乐楼就是人们通常所说的戏台，坐南朝北，面向正殿，为歇山顶卷棚屋面。屋面坡度平缓，线条秀美流畅，采用琉璃饰顶，前出歇山抱厦，四周斗拱五踩，飞檐翘角，轻盈似翚（huī）。戏台正中内设太师壁，上面横悬"水镜台"匾额。整座建筑体量不大，然而比例、尺度恰到好处，建筑造型十分精美。武庙正殿面阔和进深各五间，悬山屋顶，具有典型民居式寺庙建筑的特征。屋顶没有满铺琉璃瓦，而是采取施以琉璃方心图案，方心以外铺装灰瓦。正殿的明间与次间均采用木隔扇门窗。在东、西、北三面和大殿正面的稍间，以檐墙围合。现在尽管武庙内的建筑大都荡然无存，但却依稀可辨昔日的平面形制与建筑布局。乐楼和正殿仍旧保留着武庙历史的风采，见证着当年崇祀武圣帝君的鼎盛场景和平遥古城"左文右武"的礼制布局。

　　与文庙不同的是，像武庙这样的祭祀建筑在平遥古城内外建有多处，因为关羽是多种神祇的化身。位于北大街的关帝庙、上东门瓮城的关帝庙、上西门大街的武庙、双林寺的武圣殿和平遥县段村镇七洞村的关帝庙在规模上各自不等，建筑形制大同小异，直到今天还保持着自己的特色。

全国重点文物保护单位镇国寺

三、展示唐风遗韵的千年佛教古刹

　　镇国寺是平遥现存年代最古老的佛教寺院，位于古城东北 15 公里的郝洞村。据史料记载，这座寺庙始建于五代时期北汉天会七年（公元963年），迄今已有1000多年的历史。建寺之初叫做京城寺，明嘉靖十九年（公元1540年）更名为镇国寺。

　　寺院兴建时，距离朱全忠灭唐称帝建立后梁政权过去了 56 年。但是一个朝代

建于五代时期的万佛殿展现唐风遗韵

万佛殿梁架墨书题记

拱的韵律

的终结并不意味着佛教文化的断裂。五代十国的君王也多信佛，没有因为改朝换代和政权更迭而使唐代佛寺兴盛之风锐减。与此相反，佛寺依然发展很快，在平面布局上延续了隋唐时期形成的纯粹中国式汉传佛教寺院的形制，木构建筑的结构形式与建造技术仍旧保留着唐代风格。

　　平遥镇国寺立寺于五代北汉，后经金、元、明、清历代多次修葺，特别是在清嘉庆二十一年（公元1816年）进行了大规模重修，以至最早的佛寺平面布局荡然无存，配殿与楼舍也大都改换成了明清两代的建筑，仅剩下佛寺大殿仍为创建时原构，构架与构件的形式基本保持着北汉初建时的原状，在被叫做脊槫的檩子上"天会七年建造"的墨书题记依然清晰可见。现在大殿内奉祀的11尊佛像和菩萨、天王、供养童子的彩塑也都是五代时期的作品。

万佛殿壁画

　　镇国寺坐北朝南，总占地面积13300平方米，其中寺院建筑占地5000多平方米。现在的佛寺为两进院，沿中轴线对称布局，山门与天王殿合作一处，左右分别建钟鼓楼。前院是佛寺的正殿，因大殿内四壁绘有几百尊正位座佛像和佛龛的壁画，故而又被尊称为万佛殿。正殿东西为供奉三灵侯、财神、土地的配殿与碑碣廊庑。正殿两侧砖砌圆形腋门各一道，可以通往后院。后院北端的正面是镇国寺的后殿，二层单檐悬山顶建筑，造型与常见的下窑上楼式平遥民居完全一样。后殿的底层有砖砌窑洞三间，上层建佛殿三楹，殿内供毗卢遮那佛、卢舍那佛与释迦佛，故名三佛殿。三佛殿左右各建耳殿三间，作为镇国寺的经堂和藏经之所。佛寺后院东西配殿各五间，东为观音殿，西为地藏殿。佛教传入中国后渐渐汉化，衍生出了两大类佛教建筑，一种为官署式，规模宏大，多见于皇帝敕建或奏请皇帝赐额的佛寺；另一种为民居式，规模较小，一般由地方筹资或信众自愿捐助修建，建筑形式与风格紧密结合当地民居建筑的特点，很少采用斗拱。平遥镇国寺的三佛殿就是这种具有典型乡土文化特征的民居式佛教建筑。

三佛殿

　　天王殿重建于元代，面阔和进深均为三间，单檐悬山屋顶，檐下"米"字形斗拱依然保留着元代建筑的特征。

　　在镇国寺佛教建筑群里，艺术价值最高、最具特色的建筑还要说是万佛殿。这座大殿建在乡间，虽然建筑体量并不算大，面阔进深各有三间，屋脊高度也不过8.78米，但是整座建筑结构刚劲，气宇轩昂，处处透着唐风遗韵，展示出五代时期建筑匠人的非凡技艺。

　　万佛殿的平面呈正方形，明间宽为4.55米，梢间宽为3.51米，整座大殿通阔11.57米，总进深10.77米，按照唐代佛寺的等级制度，建筑规格较低，一般不允许使用形式复杂的外檐铺作，而五代时期建成的这座三间禅寺却破例在外檐采用了七铺作，材分、尺度依照了七间殿堂的规格。并且采用中国古建筑里仅次于庑殿顶的单檐九脊歇山顶形式，屋面坡度平缓，举架比例为1∶3.6。柱头斗拱硕大，用材宽厚，风格古朴雄浑。斗拱高度1.74米，层层叠叠托起大殿四周外檐，造成出檐深远、屋顶舒展的视觉效果，出檐最深的翼角至外墙角柱的距离达到了2.94米，这在平常的殿堂建筑里十分少见。由于匠人营造屋顶时采用了举折和屋角反翘的技法，使庞大厚重的殿堂屋顶如斯如翚，显得格外轻盈，产生了一种升腾欲飞的艺术形象。

　　佛坛建在万佛殿内正中，大约占殿内面积的一半，高出地面0.55米。佛坛中央的须弥座上塑着高大的佛祖释迦像，全身金装，跏趺（jiāfū）端坐，神态慈悲安详。红黄两色相间的背光饰以精致的金龙、彩凤、孔雀、花纹和火焰图案，流光溢彩，耀眼辉煌。紧靠佛像左右塑有弟子阿难与迦叶尊者的立像。四尊菩萨像也分置佛像两旁：文殊菩萨与普贤菩萨均单腿偏坐在"八叶莲台八角须弥座"上，两尊供养菩萨分别站立在文殊、普贤两侧。菩萨造像体态丰满柔美，肌肤细如凝脂。

奉祀在万佛殿内的释迦牟尼像

万佛殿菩萨彩塑

个个面庞圆润，鼻长口小，明眸皓齿，胸部袒露，俨然是雍容华贵的唐代女性形象。两尊天王和两尊供养童子塑像也都栩栩如生。这一佛、二弟子、四菩萨、二天王、二童子的佛像彩塑都是北汉天会七年（公元963年）的原作，虽经后世重修，

但是人物造型、衣饰、面相、鬃髻（zōngjì）等都还保留着唐末五代时的风韵，是中国除敦煌莫高窟以外，现在仅存的五代时期同类作品，对于了解、研究晚唐时期与五代十国的宗教、社会、服饰弥足珍贵。

如今，我国现存地面以上木构建筑年代最久远的只有唐代的南禅寺、佛光寺和天台庵，分别位于山西省五台县与平顺县。五代时期的建筑也已凤毛麟角，仅存平遥的镇国寺和福州华林寺。而且镇国寺在建筑形制、结构特征、雕塑艺术方面，更与南禅寺、佛光寺极为相似，它的历史、建筑和艺术价值自然也就不言而喻。1965年镇国寺被公布为省级文物保护单位，1988年又被国务院公布为全国重点文物保护单位，享受到了中国文化遗产的最高殊荣。

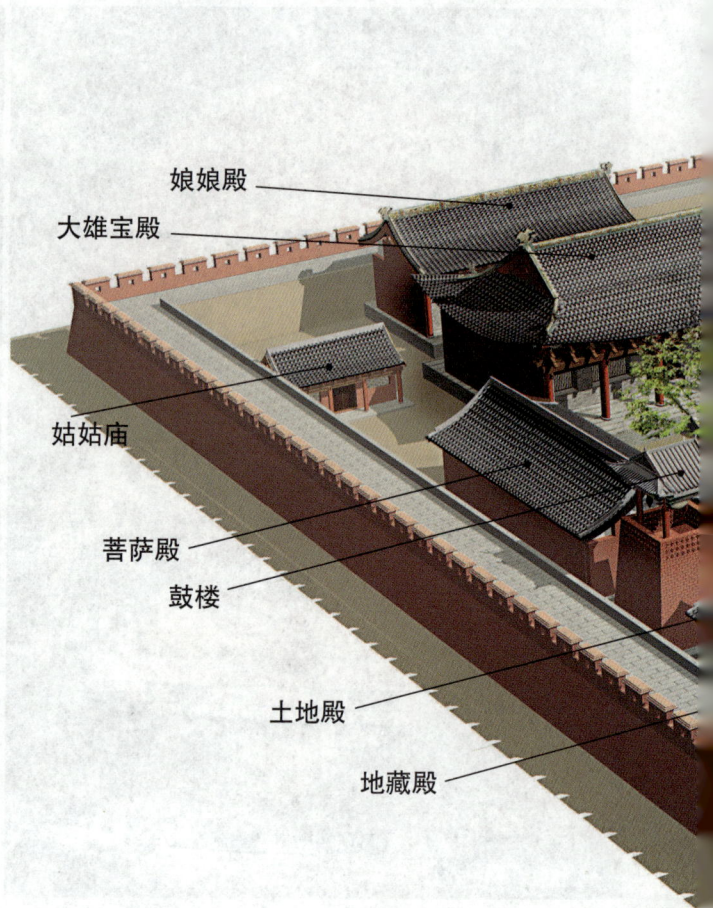

娘娘殿

大雄宝殿

姑姑庙

菩萨殿

鼓楼

土地殿

地藏殿

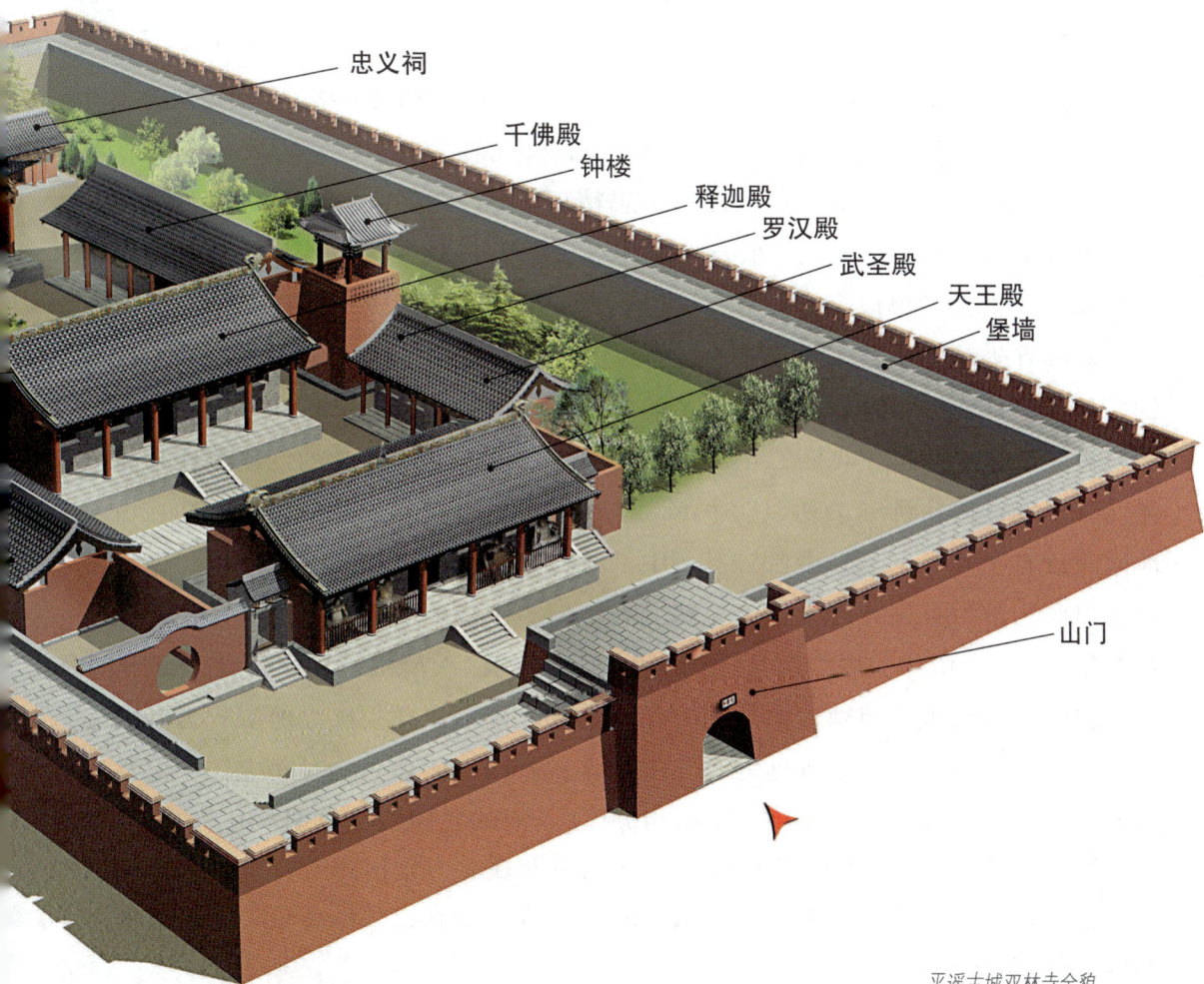

忠义祠

千佛殿
钟楼
释迦殿
罗汉殿
武圣殿
天王殿
堡墙

山门

平遥古城双林寺全貌

四、举世无双的东方彩塑艺术殿堂

同样是佛教寺院，与一般佛寺相比，双林寺在建造上别具一格，彩塑技法颇具匠心，有着另一番建筑成就和艺术风格，举世无双。寺院完整，殿宇嵯峨（cuó'é）壮观，多达2052尊元明时期的彩色泥塑构思精巧，技艺精湛，具有极高的艺术价值，被中外专家学者众口赞誉为"东方彩塑艺术宝库"。1988年国务院将双林寺公布为全国重点文物保护单位。

双林寺坐落在平遥古城西南6公里的桥头村，原名中都寺，因文献缺失，佛寺创始年代不详。按照寺中现存最古老的北宋大中祥符四年（公元1011年）碑刻记载，这座寺院曾在北齐武平二年（公元571年）重修。据此，它的创建年代很可能在北魏早期，这从佛寺最初以"中都"作为寺名也可窥之一斑。西汉时期在古陶地同时设有平陶、京陵和中都三县。中都故城紧临平陶西南。汉文帝被封做代王时曾以此为都，直到北魏太武帝拓跋焘在位时，平陶才更名为平遥，并于太平真君九年（公元448年）将中都县迁到今太原附近的榆次境内，"中都"的称谓从此在文献中不复出现。而魏晋南北朝时期由于佛教逐渐汉化，佛寺地望成为寺院命名的一个主要取向。中都寺地处当年中都县，若以地望命名，时间应在中都县废除之前，也就是太平真君九年（公元448年）以前的北魏初创时期。由《方志》和《高僧传》的资料汇集也可得知，魏晋南北朝时期在北方地区佛寺群里确有平遥大寺一座，那么这座佛寺会不会就是当年的中都寺？现在已无法考证，不过中都寺少说也有1500多年的历史。

中都寺后来屡遭战火毁坏，虽说历代对佛寺多有较大的修葺，然而已非昔日庙貌。到了北宋时期，将中都寺名废除，取《佛遗教经》中世尊涅槃（nièpán）在拘尸那伽城外的娑（suō）罗双树林的典故，起名双林寺，以追思释迦佛祖"双林入灭"。

如今中都寺的原物已不存在，双林寺的殿宇均为明清时期所建。佛寺坐北朝南，长约百米，宽约40米，建成三进院落，占地面积14700平方米。

与众多佛寺的显著区别是，佛寺的围墙建在了3米高的土台基上，并且采用夯土外包砖的城墙做法，在墙头还用砖砌出垛口和女儿墙，从外观看去酷似一座城

双林寺独特的寺院堡墙

堡，透过城墙垛口只能看到高低起伏的殿宇屋顶轮廓。这种为佛寺而建城的匠意显然不是佛教建筑本身的需要，很可能是为了大寺的安全。夯土城垣外包砖墙的做法始于明代。山西本来是历代兵家必争之地，元代时又成为统治者苦心经营近百年的战略根基。元末明初的山西更是地处防御元朝残余势力卷土重来的前沿，所以明王朝不但在山西北部大兴土木修筑内外长城，而且在太原府周围修建了大量营寨、城堡。尽管双林寺属于乡间寺庙，但是它的位置却紧临平遥古城和通往北京、秦陇、川陕的京陕驿道，时常受到战火袭扰。双林寺围墙建成高大厚实的城堡，利用军事防御设施守护佛国净土，大概事出必然。不仅寺院的外观形同城堡，匠心奇特，而且它的建筑布局和佛像奉祀也颇为灵活，打破了传统的官式规制和汉传佛教建筑的常规做法，采用了地方材料和民间工艺，融入了当地的民俗文化，体现了山西晋中一带的建筑风格。

从双林寺城堡式山门看天王殿

双林寺山门宛若城门

走进双林寺,可以强烈感受到一条南北向的中轴线贯通寺院,按照佛寺布局形制循序排列着天王殿、释迦殿、大雄宝殿和娘娘殿。布局紧凑、和谐。前院两厢对称建有罗汉殿、土地殿、武圣殿、地藏殿;钟鼓二楼分列在释迦殿的东西两侧。中院的主体建筑为大雄宝殿,殿前庭院宽阔疏朗,东有千佛殿,西有菩萨殿,两厢对称。后院空间比较狭小,北端仅建一座送子娘娘殿。从大雄宝殿里柱础

双林寺天王殿金刚彩塑

的遗迹推断,当年柱子的直径应该有1米多,由此使人联想到,或许这里就是碑文所记载的中都寺那座"高可望省(太原)"的"七层楼阁"所在。

汉传佛寺通常都建有三门并立形式的山门。在佛教文化里,山门被视做区隔佛国与红尘的地界。所谓"看破红尘遁入空门",指的就是这山门内外之别。我们不知道双林寺最初的山门风貌,现在所见到的是这座城堡式寺院的砖砌拱券城门。进入拱门,迎面是面阔五间的天王殿,单檐悬山顶。殿堂前后均有檐廊,南向明间檐下悬挂蓝底竖匾,上书"天竺胜境"金色大字。尤其令人惊异的是,天王殿前一字排开分列着四大金刚彩塑造像。金刚是守护佛境的卫士,设在佛门重地。然而双林寺没有像其他佛寺那样采取常规做法,将四大金刚塑像两两相对排列在天王殿内的步道两侧,而是在继承佛教建筑传统形制的基础上,又有自己的独到创新,别具一格地把四大金刚塑在了天王殿外面的檐廊下,头顶檐廊,面对拱门,祖

胸裸臂，怒目而坐，和佛寺周围的壁垒城墙遥相呼应。由于金刚塑像尺度超大，完全按照古印度佛教中"缠衣裸体、执金刚杵"的形象塑造，因而使人强烈地感受到佛国世界的圣洁肃穆与四大金刚的雄奇和威严。这种造像艺术在佛教建筑里极为罕见。金刚高3米，塑造得栩栩如生，极富艺术感染力。隆起的肌肉和夸张的动作表现出金刚魁梧刚健、威武勇猛的超人气势。四尊金刚的目光炯炯有神，仿佛有一种穿透力，分别从不同的角度注视着天王殿前的每一个角落。四大金刚塑在天王殿外檐廊庑的创意，无疑是一个突破，它产生了人与佛界直接互动交流的效果，摄人心魄。

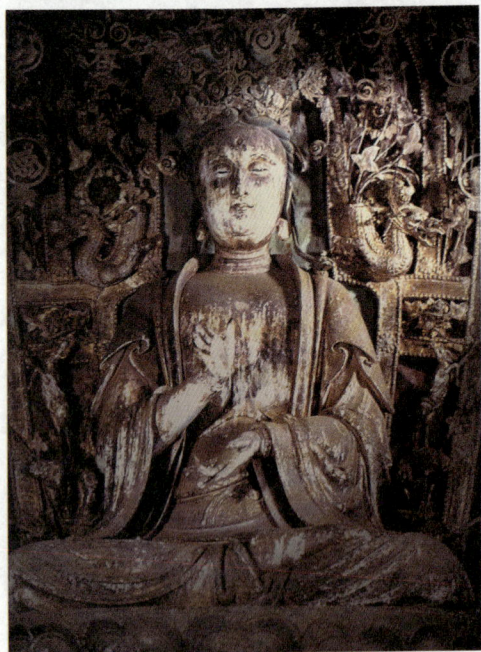

双林寺天冠弥勒彩塑

天王殿内主像是元代彩塑天冠弥勒，身着菩萨装，在莲花宝座上结跏趺坐，法相庄严，背光精致华丽。这尊天冠弥勒彩塑艺术造型非常特别，与江南大多数佛教寺院里供奉的那尊笑容可掬、憨厚慈祥的大肚弥勒佛样子迥然不同。它所表现的恰恰是佛教东渐的年代，最初由古印度传入中国的弥勒佛形象。这在国内已不多见，成为双林寺的又一特色。在天王殿内，南墙下面朝北倒坐着四大天王塑像，北墙和东、西山墙的前面还塑有八大菩萨。明间板壁背后的悬塑是一尊观音像。由于天王殿内空间较小，而佛像数量多，体量大，古代工匠利用比例尺度的变化，使人置身其间犹若沉浸于梵境，举目环顾，顿感佛法无边。双林寺的彩塑艺术极为精致，从大到丈余的佛像，至小到方寸的力士，都精雕细刻，塑造得神态逼真，把原本冰冷的泥土变成了一个个鲜活的生命。在天冠弥勒和所有菩萨端坐的须弥座上，都有力士托举宝座的形象，完全以写实手法，稍加夸张，便将力士鼎力负重的神态和动势刻画得惟妙惟肖。

双林寺彩塑的经典技艺在悬塑。这种雕塑的工艺采用粗细不等的木棒扎成佛像骨架，并将骨架下端固定在殿宇内的梁架、墙体和平台上，形成悬空前倾的稳定角度，再用当地特有的粘性红泥塑造出表现各种不同内容的人物形象，晾干后打磨加工，直到光滑细腻，最后饰以矿物质颜料制成的色彩。彩塑佛像的眼睛则用光感度极强的黑色琉璃制作，如画龙点睛，生动提神，随着礼佛者视觉的变换，产生了佛像眼球随人转动的神奇感觉，在人与佛的交流互动中，感受到了来自佛的睿智与灵性。作为平遥双林寺特有的悬塑艺术，最具魅力的精华所在，还是佛像悬空而立所创造的宗教氛围，一尊尊佛像前倾，飘飘欲来，灵气飞动，强烈的立体感带来了丰富的光影效果。佛与菩萨、明王、尊者环绕着礼佛信众，仿佛迎面簇拥而来，形成了佛界诸神与人亲和交融的审美意境。

中国的佛教雕塑擅长背景描绘，以此烘托圆雕主像，使有限的殿宇空间无限延伸，达到意蕴的补充。然而像双林寺这样，以多达70%的悬塑描绘背景，在中国并不多见。这种极具人性化的悬塑艺术在双林寺殿宇内随处可见，其中最具代表性的当属释迦殿、千佛殿与菩萨殿。

释迦殿面阔五间，进深三间，悬山屋顶，屋面施灰瓦，檐下不做斗拱。大殿采用板门直棂槛窗装修，外檐门额横匾上书"灵鹫遗风"，以点睛之笔寓意此处为释迦佛祖居住和传法的灵鹫圣山所在。进入这座大殿，迎面的释迦牟尼佛祖露右臂，正中高坐，文殊、普贤胁侍左右。殿内四壁运用悬塑、壁塑手法，采取分层

渡海观音像

释迦殿悬塑

组合、连环构图的形式，表现了释迦牟尼从"白象投胎"、"四门问苦"、"夜半逾城"、"金刀削发"、"菩提悟道"、"初转法轮"、"灵鹫说法"直至"双林入灭"等成佛过程和度化众生的佛经故事。这些彩色悬塑高约0.4米，总计200多尊。身世不同、神态各异的人物形象活动在宫廷、城堡、山野和森林中，展示了古代社会的多种场面，铺天盖地的悬塑围绕四周，成功地营造出了佛经教义神秘的环境氛围。只不过连环悬塑和壁塑讲述的故事发生在古印度，而表现的艺术形象和场景却在中国汉地。不是吗？这组彩塑采用了写实叙事的表现手法，但所有的人物相貌特征已经完全汉化，衣着全部是明代服饰，就连宫廷、城堡也都塑造成了中国的宫殿和古城。与其说这里描述的是一部佛传，倒不如说更像是一出连台的中国戏曲，因为中国戏曲人物的服装就是取材于明代。人们甚至可以这样理解：释迦殿内悬塑所表现的社会场景，反映出了中国明代社会的世俗生活，充满着乡土风情和民间人气。

千佛殿与菩萨殿建筑相同，单檐悬山顶，面阔七间，进深三间，板门直棂窗，殿顶施灰瓦，从外观上看殿宇的造型和规格，似乎两殿没有什么惊人之处。然而踏进殿内就像真的到了佛国梵境，被铺天盖地涌上前来的群仙聚会盛况所震撼。两殿内部空间原本不大，却分别塑有五百多尊菩萨，四周自下而上分成五到六层，运用悬塑技法排列着千姿百态的菩萨塑像，令人目不暇接。他们衣纹飞舞，满壁生风，或拱手迎客，或对坐讲经，或成对渡海，或独驾祥云，前呼后拥，就连殿宇梁架上的菩萨悬塑也如飘逸的飞天，腾云驾雾，凌空而降，众星捧月般地拱卫着主尊圆雕观音菩萨，带给人们意蕴深远的想象空间。

双林寺菩萨殿悬塑（局部）

　　在双林寺彩塑创作中，古代匠师们传承了宋、金、元代技法和风格，运用写实、概括、夸张、提炼多种艺术手段，不拘一格地采用圆雕、透雕、悬雕、高浮雕、浅浮雕等表现形式，塑造了一批个性鲜明的艺术形象，仪容神态各具特色，绝无雷同，达到了现实主义和理想主义的完美结合。罗汉殿的彩塑罗汉、千佛殿的彩塑自在观音与韦驮，以及菩萨殿的彩塑千手观音，都是双林寺彩塑艺术殿堂最具代表性的不朽之作。

　　罗汉殿里有一组十八罗汉朝观音塑像，和现实生活中真人大小穿着汉化僧衣，位居观音两厢。因殿堂坐东朝西，观音塑像当门而立，于是古代匠师巧妙地利用观音左右与南北两侧形成两个直角的空间对应关系，在塑造罗汉群像时，有意让他们的神态、目光、举手投足产生相互联系、相互呼应的情景交融互动，活跃了殿堂气氛，也平添了生活的情趣。罗汉堂看似空间狭小，无法将十八尊罗汉如数一一塑造出。于是才艺过人的匠师巧妙地想出了一个办法，他们在观音宝座后墙两侧虚开门扉，右侧门扉半开，一尊身着官服的迎宾罗汉手持叩门砖，面容欣喜，侧身而入，醉罗汉紧随在他的身后；左侧同样半开门扉，让矮罗汉搀扶着一位病罗汉步履蹒跚地侧身挤开边门进入殿堂。在这两扇门扉背后究竟还有多少罗汉纷至沓来，似乎没有人能说得清楚。不过匠师们的用意恰在这里，他们运用虚实对比和写意表现手法，极大地拓展和丰富了人们对罗汉殿的想象空间。罗汉殿的罗汉手持各种法器，衣纹肌肤细腻逼真，胖瘦高矮形象传神。匠师通过彩塑艺术把他们在观音面前恭敬朝拜、不便轻言，却又按捺不住喜怒哀愁和欲言又止的心情表现得活灵活现。双林寺的这组罗汉彩塑与现存太原晋祠圣母殿的宋代彩塑侍女像有着异曲同工之妙，一起成为我国不可多得的艺术瑰宝。

　　千佛殿的观音塑像当初有无称谓不得而知。自在观音则是现在的一种通俗说

罗汉殿
北侧彩塑

哑罗汉

矮罗汉与病罗汉

瘦罗汉

千佛殿
of One Thousand Buddhas

法，缘于这尊观音菩萨潇洒自如的形象。古代匠师独具匠心，大胆改变了观音菩萨结跏趺坐的常规造像手法，而取袒胸露臂、单腿偏坐姿式，塑造出一付潇洒自如的超然神态，真是出神入化，令人拍案叫绝！面前这尊观音菩萨以中国的女性为创作原形，按照古代传统的审美标准塑造，宛若天仙一般：身段柔美，仪容清秀，眉似弯月，口若樱桃，鼻梁隆起，二目微睁，显得格外娴静。塑像虽呈坐势，却左腿下垂，足踏莲叶，身体随之稍稍向左倾斜，整个重心落在了左臀上，由左臂支撑着全身。她的右腿曲蹲宝座，右脚大脚趾微微上翘，右臂悠闲自得地搭在半曲的膝盖上，恍若一位窈窕淑女坐在那里养神小憩，随时呼之欲起。

与观音菩萨的塑像形成鲜明对照的是站立在她右侧的护法天神韦驮。韦驮塑像高1.6米，身穿将服甲胄，头顶兽行头盔，一手紧紧握拳，一手横持金刚杵，挺胸张

自在观音彩塑

臂，怒目圆睁，飘带飞舞，战袍临风，浑身充满张力，威风凛凛，一副明代勇猛武士叱咤风云的形象。由于古代匠师在写实的基础上采用了大胆夸张的手法，有意把这尊武士塑像的胸部、腰部和臀部塑造成扭动的S状，让身体形似一张拉满的弓，并且使目光注视的方向与头部转动的方向略微错开一个角度，慢一个时差，于是产生了一种意想不到的强烈动势，仔细看去仿佛一触即发。把极富动感的韦驮塑像和闲静自在的观音塑像组合在一起，一坐一立，一高一矮，一张一弛，一静一动，阳刚之气和阴柔之美在夸张的对比下美轮美奂，求得了和谐统一。这尊韦驮彩塑也因高超的艺术成就而被美术界专家誉为"全国韦驮之冠"。

菩萨殿的千手观音塑像同样是一件稀世之作。在佛教里千手千眼观世音是观音菩萨的一种化身。与千佛殿自在观音的创意不同，千手观音造型采取了赤足双跏趺

护法天神韦陀彩塑

美妙绝伦的千手观音彩塑

坐莲台的姿势，头顶天冠，耳戴环饰，胸佩金色项圈，身披天衣飘带，右手置于胸前作吉祥手印，左臂微屈，手掌下垂，掌心向上，拇指与中指上翘，其余三指伸开，仪容丰满端庄，神态恬静妩媚，慈眉善目里透着普度众生的博大情怀。在观音菩萨的背后，按照人体比例和对称布局的手法，另外塑有12对姿态多变的手臂，手里分别托着日、月，持有金轮、伞盖、莲花和弓、剑、刀、戟等不同法器，象征着法力无边。手臂交错呼应，上下左右构成扇叶状的环形，极富动感韵律，将这尊千手观音烘托得美妙绝伦。

在数以千计的双林寺彩塑作品中，奉祀的神祇相当广泛，从武圣关公、土地神、送子娘娘、乳母娘娘，到接生婆、"引孩儿先生"和供养人，无所不有。甚至也不乏以明代庶民生活作为题材的佳作，将生活在身边的"睡姑姑"、"药婆婆"和那些不知姓名的底层社会的老翁、老妪、少女都当做神供奉起来，与此同时又将各种神祇人格化、市俗化，使人神和谐共存。这既是古代匠师们对社会的真切感悟，又是对佛经教义的朴素理解。双林寺是中国精湛的彩塑艺术殿堂，反映了明代社会深入寻常百姓人家的多元崇祀文化，也反映了明代社会真实的庶民生活。

五、蕴含多神信仰特征的清虚道观

道教产生在东汉时期，是中国人自己创立的宗教。因为道教根植于分散的小农经济社会，传承了古代原始先民"万物有灵"的理念，而且受到多元思想文化的不断影响和渗透，故而形成了多神崇拜的独特个性。在世界五大宗教中，唯有中国道教属于多神崇拜的宗教：上至天界的"三清"天尊和辅佐"三清"主宰皇

天后土的四御天帝，下到地界的城隍、土地、山神、水神、四海龙王，以至世间居家的门神、灶君、屋神、井神和阴间冥界五花八门的各类鬼狱，可谓无所不敬，无所不拜。尽管道教把道家学派的创始人老子当成"道"的化身，尊为本教的至圣教主，奉为"太上老君"。但是它的基本教义却是以崇神拜仙为修炼根本，奉行着多神信仰，于是也就有了林林总总的道教宫观庙宇。

平遥古城在中国古代社会只不过是一座小小的县城，然而却像神奇变幻的万花筒，浓缩和折射了道教多神崇拜的特征，向人们展示出了中国多元崇祀文化的生动场景。

今天，人们仍然可以根据《平遥县志》记载和现存历史文物，开列出这些建在古城内外的各类观庙的名单，诸如玉皇庙、真武庙、帝尧庙、五道庙、二郎庙、城隍庙、土地庙、财神庙、灶君庙、火神庙、雷神庙、白虎庙、龙王庙、关帝庙、文昌庙、介神庙、三官庙、鲁班庙、井神庙、文昌阁、魁星楼等等，总之明清时期民间崇祀最常供奉的各路神仙都能在平遥古城各安其位。甚至在弹丸小城内奉祀真武大帝、文昌帝君、关圣帝君、五道将军与二郎神的观庙竟然不止一处。由此不难想见明清时代处在社会底层的平遥县庶民奉行着多元崇祀活动的极盛情形。这种极盛以众多道教建筑为舞台，演绎出的活剧画面自然也就成为瞬间定格的社会缩影。

在平遥古城令人眼花缭乱的观庙中，最具代表性的道教建筑当属坐落在下东门入口处的清虚观。

清虚观建在古城东大街路北，完全恪守了古城平面布局"左道右释"的礼制规范，与建在西大街的集福寺遥相对应。现存完整的建筑群坐北朝南，占地面积5890.9平方米。从史料考证可知，这座宫观的建造有着深刻的历史背景。唐代是中

清虚观全貌

国道教勃兴的高峰。李唐王朝本来源于多民族血统，立国之功不拘礼法。在李世民与其长兄李建成争夺皇位的斗争中，以法琳为首的佛教徒拥护李建成，而以王知远为代表的道教徒支持李世民。结果李世民取得胜利之后，开始奉行崇道抑佛的政策。加之李唐王朝为了提高门第，神化其统治，还利用道教的教主老子，即李耳，与唐皇室同姓的关系，尊老子为"始祖"，举国家之力推动道教弘传。唐高宗时敕令天下诸州县兴建道观。于是清虚观应运而生，在唐显庆二年（公元657年）也就是唐高宗即位第八年开始创建，至今已经有1350多年的历史。最初宫观取名太平观。宋治平元年（公元1064年）钦赐牒文，将太平观改为清虚观，改奉"三

清天尊"为主祀神。元祐七年（公元1092年）重修。金明昌六年（公元1195年）再次进行补修。元代初宫观曾被赐名太平兴国观，宪宗二年（公元1252年）易名太平崇圣宫。到了清代又重新恢复了清虚观的名号。文献记载，元代以后的明成化、万历年间以及清代康熙、雍正、乾隆、光绪年间，清虚观都有过规模比较大的补筑和修葺。现在观内的古建筑基本上都是元、明、清三代的作品。

清虚观由一组建筑群体构成。这组建筑群之所以称之为"观"，而且等级分明、三教兼容，渊于它的深刻历史文化背景。

道教发端于民间。初创的时候以名山俊水为仙境，隐居在山林、草屋、洞穴，于"洞天福地"之处苦心修炼，还没有专门用来从事道教活动的宫观建筑。后来依附于帝王推崇布道，开始借助宫殿与观台请神迎仙，最终使宫观建筑变成了专供神仙居住和举办道教法事的所在。于是在中国古代建筑大系里，道"观"与佛"寺"相互对应，形成了反映两种不同宗教文化内质的古建筑别称。不过道教自唐宋以来在儒、释、道文化交相影响、渗透、融合的过程中，渐渐吸收了儒家的尊卑等级观念和佛家的崇祀序列形式，在建筑群体的排列布局和尊奉主祀神祇的建筑规格营造上，具有了十分明显的官式特征。尤其在元、明时期，全真派深受帝王重视，政治地位极高。全真派认为儒、释、道均主张"修己利人，其趋一也"，因而大力倡导三教合一，对于道教建筑产生了重大影响，宫观建筑也大多仿照佛教寺院建造。清虚观的由来和建筑艺术的形成，正是这一历史文化的产物，典型地代表了元、明、清全真派的思想文化特征和道教建筑艺术风格。

清虚观的主祀神，是在道教神祇世界里最受信众尊奉的三位至高无上的天尊，即玉清元始天尊、上清灵宝天尊和太清道德天尊。《道德经》说："道生一，一生二，二生三，三生万物。"认为最初宇宙起源于混沌的元气，连天、地、日、月与

清虚观三清殿及其前面的纯阳宫与献殿

山、川、河都还没有形成。后来宇宙天气化为阴、阳二气，再由阴阳二气衍化为
天、地、人，这才产生了世间万物，也就是道经里所谓的"一炁（qì）化三清"。玉
清、上清、太清便由此而来。其中，玉清元始天尊是道教初期的尊神，地位最高。
天界其他尊神均由他度化而成。上清灵宝天尊地位稍次，一神之下，万神之上。而
太清道德天尊也就是民间熟知的太上老君，排在"三清尊神"的末位，但是地位
相当特殊。因为"三清"的地位最为尊贵，所以在清虚观里居中心地位的主体建
筑是三清殿。其他从属于三清殿的建筑主要有龙虎殿、献殿和玉皇阁，按照排列

纯阳宫

顺序在中轴线上由山门、龙虎殿、献殿、三清殿、玉皇阁自南而北组成了三进院。布局规整，中轴对称，建筑等级和主次相当明确。依照中国古建筑等级划分，清虚观主轴线上的主体建筑大都采用了规格比较高的歇山屋顶，显示了这座道观卓尔不群的风格。清虚观几经大的补筑和修葺，大概与元代初期丘处机的亲传弟子尹志平（道号清和子）曾经在此住持有关。全真教派掌门人丘处机深得元世祖成吉思汗的敬重，授"神仙"赐号，取得了掌管天下道教的特权，从而使全真教派官方化，得到了迅速发展。在这样的大势之下，由他的亲传弟子执掌平遥清虚观，广为传教布道，而且在观内奉祀有全真教创始人王重阳的道门导师吕洞宾，可见清虚观在全国道观中不同凡响的显赫地位与影响。

清虚观山门前现存的二柱式木构牌坊为清乾隆年间所建，前后置戗（qiàng）柱，歇山顶，斗拱七踩。山门殿也是清代遗构，面阔五间，三檩中柱式，悬山顶，前檐斗拱三踩，单昂，补间一攒。龙虎殿重修于元代，在清虚观建筑群中建造年代最久，建筑技法独特，建筑艺术甚为珍贵。龙虎殿面阔五间，采取四架椽分心用三柱，歇山顶，柱头制作成带缓和曲线的卷刹，采用斗拱四铺作，也就是向外跳出四层斗拱，并在坐斗上设单昂，与拱成直角十字相交。柱头之间的铺作只设一处由斗、拱、昂、枋构件组合而成的结构单元，称之为补间一朵。

元代遗构龙虎殿

龙虎殿四角的悬梁吊柱

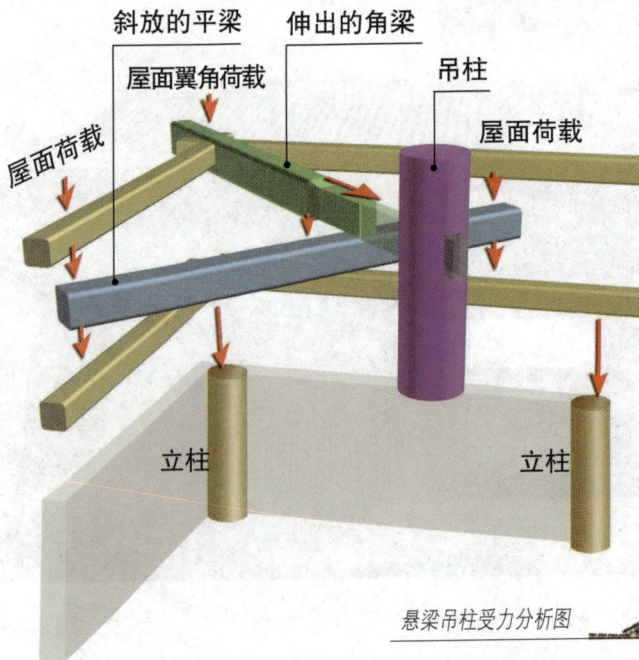

斜放的平梁　伸出的角梁

屋面翼角荷载　　　　吊柱

屋面荷载　　　　　　　　　屋面荷载

立柱　　　　　　　　　　立柱

悬梁吊柱受力分析图

梁架四角放在第二层井口枋上,置抹角梁,尤其令人拍案叫绝的是,龙虎殿采取了"悬梁吊柱"的特殊技法,用来承托平梁和老角梁的后尾。表面上看去,屋顶的重量似乎是压在了无根无基的吊柱上,那么吊柱又是怎样将压力传递到了地面上呢?仔细观察就会发现:原来在龙虎殿梁架的角落,从墙内伸出一根角梁,角梁的后尾支撑在斜放着的平梁上,形成挑出的悬梁式样,而它的后尾则直接穿过吊柱。于是吊柱承载的屋顶重量通过角梁的后尾传给了斜放的平梁,再由平梁的两端经过山墙和檐廊的梁枋构件传到立柱上,最后沿着垂直方向传递给了地面。这种做法在国内现存古代建筑中,已是吉光片羽,非常少见,堪称清虚观古建筑之最。

龙虎殿的屋顶施以绿琉璃方心图案，且以绿琉璃在檐口处剪边铺设，装饰效果极佳。在大殿东西两侧次间，依照道教建筑"左青龙右白虎"的形制，分别塑有两座5米多高的元代神像，手持法器，面南而坐，怒目圆睁，俯首张臂。由于从山门到龙虎殿的甬道距离较短，驻足殿前昂首观望，守护山门的青龙、白虎神将大有凌空而降、泰山压顶之势，艺术地表现了清虚观的肃穆威严。龙虎殿正中的明间是联系前后二院的通道，南对山门，北向献殿月台。清虚观的献殿与三清殿前后相连，是供奉三清天尊、陈设祭祀贡品的过渡空间。这里同时也是祭祀吕洞宾的纯阳宫，内奉纯阳真人吕祖的坐像与左右二侍者。由龙虎殿和献殿，以及三清殿与

元代龙虎殿翼角斗拱

雄浑刚劲的龙虎殿元代木构

纤柔华美的纯阳宫清代斗拱

东、西廊庑各11间构成了二进院。庭院敞阔疏朗，是道士信众举行祭拜活动的主要露天场地。龙虎殿与献殿之间通过一条砖砌甬道首尾相接，甬道左右各立碑亭，献殿两侧分别建有一座八卦台。与面阔五间、进深九椽的三清殿相比，献殿显得较小，面阔不过三间，檐柱比例细长，两座建筑体量形成了很大的反差。屋顶形式及做法也大有不同：献殿采用六檩卷棚式悬山顶，前有抱厦，斗拱五踩，双昂，补间一攒，斗拱结构作用明显蜕化，用材比例缩小，表现出很强的装饰性；而三清殿为单檐歇山顶，四檐斗拱五踩，补间一攒，大殿内、外檐的斗拱用材较大，在结构上仍然具有承重作用，拱眼壁上悬塑着龙凤。由于献殿建在清光绪二十四年（公元1898年），三清殿重修于明万历二十八年（公元1600年），先后相差三个世纪，因此两殿在建筑结构与建筑装饰上既有共同严谨整饬（chì）的风格，又有各自不同的变化。献殿构件纤柔华美、彩饰斑斓繁密。三清殿梁、柱、斗拱均保留宋、元遗构那种质朴平实的风格。二者之间形成了鲜明的对照。走进三清殿，殿心神台上奉祀着玉清原始天尊、上清灵宝天尊和太清道德天尊神像，二十八宿神将环绕神台，位列神像左右，俨然皇宫大殿百官朝圣一般，气势肃穆威严。显而易见，清虚观在营造虚幻的三清仙境超然世间凡俗，烘托三清尊神授经立教、救度欲界众生离苦得乐氛围的同时，也展现了效法儒家提倡等级制度的思想，用世俗社会的官僚机构去构想道教神系的一面。而且在道教宫观采用造像艺术，又与佛教造像有着异曲同工之妙。从这里也可窥见清虚观全真教派三教合一的踪影。不仅如此，在三清殿两侧的东、西耳房殿内，还供有三官、四圣、五岳、四渎神像，并在东、西廊庑供有九天圣母、九曜星君和七十四司。

　　清虚观至今保存着8尊元明时代的彩塑和宋、元、明、清各代的碑碣30通（方）。从殿堂配置到神祇的序列造像，以及种类繁多的字画碑刻，都充分体现了中国道教多神崇祀的特征和元明以来全真教派的主张。内容丰富，价值珍贵，为了解和欣赏中国道教的历史文化及其建筑艺术和雕塑艺术，提供了一处理想所在，也为研究中国道教保存了实物例证。

六、兼容儒释道与民俗的县城隍庙

　　在中国古代城市建设中，通常把夯土筑起的城垣叫做"城"，把围绕城垣的有水城堑叫"池"，无水城堑则叫"隍"，于是就有了"城池"与"城隍"之分。不过城池与城隍的共同之处都在于维护"城"的安全，而其中的城隍又被民间赋予了特殊的含义，视为城市的保护神。

平遥县城隍庙

实际上，城隍在中国传统的祭祀文化中并非固定为某一特定职能。按照道教的神祇系列，它既是护国安邦的保佑神，又是管领亡魂之神；而在中国汉族民间信仰风俗里，城隍更被当做守护城池、庇佑地方、除恶扬善、救灾济民、调和风雨、管领亡灵的万能神明，与天下百姓息息相关，因此受到庶民的广泛敬奉。

中国古代对于城隍的信仰由来已久。据史料记载，早在三国时吴国赤乌二年（公元239年）就修建了芜湖城隍庙。北魏时，信仰城隍已经成为一种社会风俗，到了北齐城隍神尤其盛行。此后历代崇祀之风不衰。明朝开国皇帝朱元璋更是把对城隍神的崇祀推向了极致，洪武二年（公元1369年）诏令天下，对应京都和府、州、县的等级，大行封赏城隍，分别封为爵、王、公、侯、伯，给了城隍很高的地位。每到祭祀时日，必然遣官敕祭。不久朝廷整顿祀典，取消城隍神爵封号，下令府、州、县按照相应的行政官品规格尊奉当地的城隍，并仿照各级衙门形制建造对应等级的城隍庙，从此上至京城大都，下到偏僻小县，城隍庙遍及全国，家喻户晓，妇孺皆知，成了中国民俗信仰中最具影响的神庙之一。在民间的世俗生活里，无论农耕、商贸、起居、文化传承、演艺娱乐和宗教祭祀，都会集中在城隍庙。城隍庙也就具有了兼容儒释道与民俗文化的公共开放空间的职能。

平遥古城的城隍属于县城隍，曾受封为显佑伯品位。城隍庙与县衙署相对应，沿古城中轴线东、西两边对称布局，坐落在通往上东门的城隍庙街北侧。庙宇何时创建，碑碣无存，县志也无从考证。然而有文献资料显示，这座城隍庙曾经毁于回禄之灾，明嘉靖甲寅年至乙卯年间（公元1554~1555年）重修。清咸丰九年（公元1859年）庙会期间再次遭受火灾，除了寝殿未毁，其他建筑全部化为灰烬。同治三年至八年（公元1864~1869年）仿照原来的形制续修，并塑像160余尊。现存的城隍庙占地面积4552平方米，总建筑面积3672平方米，全部为清代所建。

　　平遥城隍庙的历史文化遗产相当丰富，建筑规划别具匠心，琉璃装饰和雕塑绘画艺术极富特色。城隍庙完全仿照县衙署形制进行规划布局，中轴对称，严谨规整，恪守了儒家尊卑有序的礼制规范。除了在城隍庙特别配置的戏台以外，所有建筑的位置、体量、规模、屋顶式样几乎都与县衙一一对应。而且由于城隍的特殊地位，庙区主体建筑大都采用了琉璃饰顶，故而庙貌显得异常宏阔奇伟。

　　庙区为前后三进院落，以城隍大殿为中心，将六曹府、土地堂、灶君庙与财神庙四大不同功能的建筑组合在一起，形成了院中套院的空间格局。和平遥县衙相仿，庙前也同样有照壁，东、西两旁竖立木构过街牌坊，大门两侧筑有砖雕八字影壁墙，各配石狮和拴马柱，围合成庙前广场，俨然官府八字衙门的式样。沿城隍庙的中轴线，从南至北依次排列山门、戏台（兼具仪门功能）、东西钟鼓二楼、献殿、正殿、寝宫等主体建筑。由山门、戏台及两侧游廊组成了前院；戏台和钟鼓楼、献殿、正殿以及东、西廊庑共同组成中院；正殿后的寝宫独立成为后院，体现"前朝后寝"的官署形制。后院的东、西两边各有一座二进院，分别是灶君庙与财神庙。从城隍庙的总体布局到建筑配置，处处透着等级森严的官署之气。

　　位于大殿东面的廊庑共九间，模仿县衙大堂两厢的兵、刑、工、礼、户、吏六房，也设六曹府，作为城隍爷办事机构，管理阴间地府公事，并在六曹府南端紧邻钟楼建有一座单间钟馗（kuí）殿；而在大殿西面设置土地堂，土地堂南端紧邻鼓楼同样建有一座单间小殿，称做转生堂。城隍庙的正殿配置相当于县衙大堂，所不同的是大殿前面多了一座献殿，为的是摆放供品和顶礼膜拜。类似县衙二堂的寝宫是城隍处理日常公务之所，宫室前建有小院，而且比照县衙二堂两旁的门禁，在寝宫门外两旁东、西建两座小殿，分别供奉着石敢当神和冀公神，作为城隍的两个门禁。

　　城隍是城隍庙大殿的主祀神。为了突出城隍地位的崇高和尊贵，整座大殿建在将近一人高的台基上。献殿与大殿毗连。面阔五间，硬山卷棚屋顶，斗拱七踩，双昂，前出歇山抱厦，四壁通透。殿前建有宽阔的石柱栏板月台，月台正面为单出陛（bì）踏跺，两侧为抄手踏跺。在月台左右对称排列的碑亭、石狮和旗杆的烘托下，使得这组造型完美的殿堂异常庄重威严。通过建筑艺术处理手法，对信众俯首拾级而上，以及仰视大殿，置身城隍的祀典活动，进行各种心理暗示和诱导，使信众情不自禁地产生崇尚神灵、顶礼膜拜的心灵感应。

城隍庙献殿

城隍殿外檐斗拱及梁枋彩绘

　　平遥城隍庙的建筑配置与建筑技艺多有独到创意，不乏绝代佳作。庙区前院紧贴东、西围墙所建造的两排半壁游廊，便是别出心裁的范例。自古以来平遥的民间庙会总是集中在城隍庙和庙前广场，这种卖出买进的商品交易人山人海，每次庙会持续的时间长达一月之久。利用庙门与戏台之间的庭院和游廊作为交易场所，既方便庙会期间商品交易，又能提供香客在祀典活动时小憩，可谓独具匠心。

赶庙会时把游廊作为商品交易的服务设施,租给来自古城内外的商贩们摆摊设点,不仅增加了庙祝的收益,而且大大方便了商家与顾客,促进了平遥商贸经济发展。像平遥这样在城隍庙区里设游廊办庙会,在国内仅此一例。从这里也可看出平遥人精明的经商意识,反映出清代城隍庙祭祀活动的世俗化、平民化趋向,以及城隍庙所具有的公共开放空间的特征。

平遥城隍庙戏台的建造同样为人称道。戏台在古时也称舞楼或乐楼,是城隍庙祭祀活动必不可少的建筑。有了戏台,才有了歌舞演艺、人神共娱的戏场,既能祭祀神灵,又能丰富民间的文化生活。识文断字的人可以通过书和剧本知古通今,而更多目不识丁的庶民百姓却更愿凭借戏曲演绎的历史故事去了解人间变故及世态情仇。于是一座戏台往往也就成了当地文化娱乐的中心。山西堪称中国戏曲之乡。元代时戏曲文化已经处在全国领军的地位,剧作名家关汉卿便是今山西解州人。及至明清,山西的戏曲文化进入鼎盛时期,各地"有村必有庙,有庙必有台",戏曲活动相当繁荣,戏台也如雨后春笋般拔地而出。

平遥城隍庙的戏台建筑正是这一时期的代表作。戏台建在了庙区的中轴线上,坐南朝北,呈倒座式布局,面对着献殿和正殿。这样布局显然是为了满足演艺功能的需要:一方面以北为尊,面向城隍演出大戏,取悦城隍,表达了对城隍爷的虔诚和恭敬;另一方面,艺人白天演戏也不至于被来自南面的阳光直射刺激眼睛。诚然,庙会期间民间艺人献艺助兴,实际上真正看戏的还是芸芸众生,通过这种自娱自乐的方式,达到人神共娱的目的。因为戏台坐落在中轴线的步道上,兼有县衙仪门的作用,同时戏曲演出要在大庭广众下露天进行,所以对戏台建筑的设计建造有着很高的要求。通常山西的戏台多为单檐歇山式屋顶或者悬山式屋顶,不带回廊。而平遥城隍庙的戏台却采用回廊式重檐歇山顶楼阁结构,面阔三间,台口一面开敞，建筑气势高耸挺拔，加之琉璃饰顶，尤显辉煌壮观。这在明清时期戏台林立的山西实在少见。戏台位于中央步道，既要演戏，又不能阻隔交通，于是在戏台的台基中央辟有一条南北向下穿式甬道，后墙的入口砌筑成券拱式门洞，门洞处由地面至外檐通高做成悬山式过街门楼，左右各开六边形花窗，并在门楼前的甬道两侧，植有两株遒劲参天的古槐。通过这样的巧妙处理，消除了人们一进山门就面对建筑后墙的不适感觉，而且门楼左右又与钟鼓楼下的两座便门呼应，进而丰富和完善了酷似县衙仪门的官式建筑形象，取得了视觉审美的效果。出于功

城隍庙戏台

从城隍庙入口看戏台建筑造型

昭楼楼

钟楼

陶瓷声响装置

戏台下甬道

戏台入口

鼓楼

城隍庙戏台结构示意图

能要求，匠人把后墙甬道入口做成圆拱顶，而经过戏台的部分改作方形断面，上不覆顶，采用可以拆装的实木楼板，平时并不覆盖，供庙祝、香客随意出入行走；只在演出时覆盖铺平，与两旁戏台连成一个整体。

平遥城隍庙戏台在建造时已经充分考虑到了演出的音响效果，采取的处理技术更是令人拍案叫绝。这座戏台重建于清同治年间，在那个年代，匠人们已经娴熟地运用了建筑声学的原理，用土办法创造了一套共鸣系统，获得理想的音响效果。他们在甬道两侧的戏台下分别埋置了五个陶制大瓮，瓮口朝上，先用石板覆盖，再加三寸厚的土层，土层上面平铺一层方砖，使之形成一个多腔音响的共鸣区，结合戏台与对面献殿、大殿所做的回音技术处理，产生了浑厚圆润、音色丰富的悦耳声响。平遥城隍庙戏台的音响设计构思在国内城隍庙建筑中独树一帜，具有不可估量的珍贵价值。

设在城隍庙西北隅的财神庙是一座庙中庙。内中也有一座供财神爷观赏的戏台，同样构思精巧，工艺精湛。戏台置于一眼窑洞上，在戏台的上方利用斗拱翘昂后尾出头，按照《易经》里太极八卦图的式样装饰成藻井，通过藻井内阶梯式的穹窿构造使戏曲音响发生折射，产生了奇妙的共鸣音箱效果。这座戏台规模虽小，但是造型十分精美，不仅为平遥县戏台之首，而且也是我国古代戏台建筑中不可多得的艺术珍宝。

在平遥古城众多的庙宇寺观中，琉璃饰物在城隍庙的运用堪称一绝。明清时期中国生产琉璃砖瓦的繁盛地区在山西，而平遥则是全国琉璃制品的主要产地之一，一些以烧制琉璃为职业的村里匠师逐渐形成匠系，在业内颇具影响。他们擅长以粘土陶胎为胚，将铜、铁、钴、锰、锡、铅等金属粉末饰以釉面，放入窑内低温烧制，制作成各种色彩丰富、釉面光亮的建筑饰品。这些制品虽然出自民窑，

財神庙

財神庙窑洞式主殿内景

戏台太级八卦藻井

財神庙戏台

但是却有许多传世之作。当时平遥琉璃匠师烧制孔雀蓝和绿琉璃构件的水平已是全国之冠，因而也为平遥古城的庙宇寺观平添了精美与神韵。至今城隍庙仍是国内现存庙宇寺观建筑中使用琉璃最多，装饰制品最丰富、保存状况也最完好的建筑群。庙区内的殿堂楼台大都采用了琉璃装饰，广泛用于瓦件、脊兽、宝刹、仙人、蟠龙吻、卷尾吻、排山等大小构件，就连檐口的勾头与滴水也都饰以清一色的团龙图案。覆盖于献殿的歇山抱厦顶、硬山卷棚顶和高耸的大殿屋顶上，层层叠叠，错落有致。远望这些屋顶装饰，只见蓝、黄、绿三色琉璃瓦相间，构成了一组组菱形图案，既有蓝黄二元色的强烈对比，又有绿色的柔和过渡，将建筑轮廓极富变化的殿堂装点得富丽堂皇。城隍庙建筑的脊饰和部分屋顶装饰采用了最名贵的孔雀蓝琉璃瓦件，若蓝若绿，晶莹透彻，纯正而又深邃的釉色勾勒出了天际轮廓，在妩媚的阳光下，鲜翠欲滴，熠熠生辉。除城隍庙大殿以外，其他殿堂楼台的正脊和垂脊均以黄琉璃瓦镶边，正脊两端的蟠龙吻与卷尾吻光彩耀眼，栩栩如生。在中轴线上，主体建筑的琉璃装饰主次分明，大殿以当时北派道教的正

城隍庙大殿及献殿屋顶琉璃装饰

城隍庙寝宫屋顶琉璃装饰

孔雀蓝琉璃饰顶

宗标志仙丹葫芦作为脊刹，明确彰显了城隍庙大殿的宗教属性，而寝宫楼顶正中的脊刹采用白底蓝花瓷缸垫底，上置1.7米高的硕大葫芦，葫芦由一蓝一绿两个大小不等的圆球上下叠置而成，同样为道教标志。其他建筑的脊刹则采用另类造型。

在突出道教文化特色的同时，城隍庙的建筑装饰和雕刻绘画艺术还巧妙地融入了儒家、佛教和民俗文化的内容与表现形式，使这座祭祀建筑具有了更加开放的包容性。

大殿屋顶彰显正宗北派道教的仙丹葫芦脊刹琉璃装饰

寝宫屋顶代表北派道教的蓝绿葫芦脊刹琉璃装饰

蟠龙吻　　　　　　　　　　麒麟葫芦琉璃脊刹　　　　　　卷尾吻

　　就在最具道教文化特征的寝宫楼顶葫芦脊刹东、西两侧，脊兽造型却是背负另外两个小宝葫芦的麒麟和白象，分明是借用了文殊菩萨和普贤菩萨的坐骑，隐含了佛教文化的意蕴。

　　庙内200多尊神像彩塑、上百幅壁画和大量木雕、石雕，都贯穿着儒家尊卑有序的礼治思想、道教的"报应论"与佛教的"因果论"，以及世俗社会求吉纳福、驱凶避灾的善良愿望。大殿南北山墙上，对称绘制的两幅大型城隍出巡图壁画，便是对朝廷命官出巡场景的真实写照，场面壮观，造型生动，取材于世俗生活，是清代道教壁画中的佳作。

　　出巡图旁边，还分别绘有一幅酷似古时书柜的壁画。壁画将书柜分成许多长方形的存书方格，每格中画着不同式样的书卷与文簿，象征着古城内外各乡里间庶民百姓的生死簿，并且按照当时平遥县的坊里名称，在每格上分别写有集福里、居仁里、康安里、兆康里和佳瑞里、加庆里、由义里等等，模拟出城隍掌管的人世间生死大权。

　　献殿与大殿内的壁画，内容多取材于世人熟知的《东周列国志》和《聊斋志异》中的典故。六曹府内的壁画也都取材《聊斋志异》。这些壁画充斥着面目狰狞的鬼怪形象和恐怖场景，主题内容在于按照道教与佛教的教化，告诫人们今生多行善事，才能成道成仙，修成正果，来世大富大贵，恩泽子孙。与此同时，城隍庙在木雕、石雕、彩画中大量采用了佛教特有的仰莲、覆莲装饰图案和回纹、万字锦等民俗图案，并把四季平安、五福捧寿、平安如意、桃榴佛手、琴棋书画、寿

绘制在大殿内山墙上的城隍出巡图壁画（局部）

城隍彩塑

山墙墀头砖雕与梁枋彩画

山福海、连生贵子等吉祥图案广泛用在了外檐雀替、梁枋彩绘、山墙墀头和影壁砖雕上，还刻画了八仙庆寿、仙女思凡等民间故事，以这样一种表现手法，从正面引导虔诚的信众通过行善积德争取美好生活的前景。在财神庙戏台藻井中，虽然绘有太极八卦图，但是中心图案却并非绘制司空见惯的"太极两仪"，而是描绘古老的《河图洛书》，反映了中国古代文明的河洛文化。城隍庙在建筑装饰艺术和雕刻绘画艺术上不拘一格地兼收并蓄，适应了清代社会多元崇祀文化的需要，也是那个时代庶民文化生活的缩影。

第八章 纯朴浓郁乡土文化的民俗风情

平遥物华天宝，人杰地灵。历史文化的丰厚积淀给平遥古城留下了珍贵的物质文化遗产，也造就了丰富的非物质文化遗产。这是自然禀赋、社会生产、地域文化与平遥人民勤劳智慧的结晶。在这方黄土地上，无论特产琛（chēn）物、风味小吃、传统工艺，还是戏剧曲艺、民间社火，乃至方言艺术，都洋溢着浓郁乡土文化的民俗风情。它们和这座小城一起传承着中华民族的古老文明。

初来乍到，好客的平遥人说起家乡的特产、特色和风俗，如数家珍。走在商业繁华的南大街或西大街上，商品的幌子招牌和商家操着当地方言的叫卖，也让人不由得惜步缓行。在那些琳琅满目的山货、小吃、土特产以及民间工艺中，最能吸引人眼球的莫过于冠以"平遥"二字的品牌奇货，诸如平遥牛肉、平遥碗脱儿、平遥长山药、平遥黄酒、平遥推光漆器、平遥剪纸、平遥布老虎、平遥布鞋、平遥鞋垫等等，即使不是老字号，也别有一番乡土风味。

一、享有平遥三宝美誉的地方名吃

　　平遥牛肉久负盛名，在一首《夸土产》的山西民歌里，"平遥的牛肉，太谷的饼……"风靡了大江南北。这首由平遥籍著名歌唱家郭兰英唱响的歌曲带着晋中乡土浓郁温馨的清香，走进了千家万户，走进了亿万听众心里，也让平遥牛肉成了家喻户晓的驰名特产与珍物。

　　平遥牛肉连同平遥碗脱儿、平遥长山药，很早就享有"平遥三宝"的美誉。而平遥牛肉首屈一指，可以说是平遥古城最抢手的特色品牌。据《平遥县志》记载，这里在汉代时畜养黄牛已然形成风气，有着卖剑买牛和卖刀买犊之说。名贵的中药材牛黄，也是这里的特产。不过人们却很难说清平遥盛行牛肉加工始于哪朝哪代，只知道在清代时平遥牛肉就已誉满三晋。

　　清嘉庆年间平遥古城是晋中一带最大的商品集散地，南来北往的商贾云集在古城，餐饮小吃也很快应运发展起来。据说那时平遥县有个生意人雷金宁，为人精明通达，曾开过屠宰作坊，善于解牛。他捕捉到了商贸大潮涌来平遥所创造的致富机遇，便在城内文庙街开设了一家"兴盛金"牛肉店，凭借苦心研制的一套牛肉加工工艺，烧制出了一种与各地酱牛肉、五香牛肉风味迥然不同的肉食名吃，从此世代相传经营平遥牛肉一百多年。光绪末年，任大才和他的儿子任仰文也相继在城内西大街开了"自立成"牛肉铺，自创加工方法，与"兴盛金"牛肉店竞争媲美，共同创下了"平遥牛肉"这一肉制食品的字号。随后，平遥的牛肉店铺和作坊日渐增多，终于打造出了自己的品牌，如今平遥牛肉不仅畅销国内，而且走出了国门，行销朝鲜、蒙古、新加坡、印度尼西亚、泰国、菲律宾等国家，受

到国内外食客的青睐。

　　虽说在中国加工牛肉的工艺由来已久，品牌多样，各有千秋，然而同样是牛肉加工，到了平遥人的手里，制作的工艺方法就变得相当精细独特。生牛并不一定都来自本地，关键是从生牛屠宰、生肉切割、腌渍、锅煮等操作过程和工艺，到用盐、用水以至加工的节气时令，都有着特殊的讲究。宰牛采用平刀大拉法，将牛血迅速放尽流光，以免牛血渗入肉中，也防止牛被宰杀时因受惊吓而造成肌肉痉挛，吃起来肉质坚韧。在腌渍时要把牛肉分成一二十块，每块纵横划出几条刀痕，揉进适量硝盐，然后放入大缸，用当地井中的碱水浸泡数日。硝盐数量和浸泡时间因春夏秋冬时令不同各有多寡。最后在锅内用碱水、硝盐烹煮，不加任何佐料，大火烧开，小火慢炖，锅上不加盖，用煮沸漂浮的牛油覆盖在上面，保湿透气，散发腥味。锅煮的过程还要严格掌握水量和火候。而且别的地方烧制酱牛肉和五香牛肉一般不用老牛，因为老牛的肉老，不容易咀嚼食用。而平遥商家却偏偏逆向思维，运用独创的工艺，使得牛越老肉越香。在加工过程中也不用酱油，不上色，全凭生牛屠宰、生肉切割、腌渍、锅煮时运用技法，把握原料与火候。这样加工出来的牛肉色泽红润，肉丝纹络清晰，肉质鲜嫩，醇香可

平遥牛肉

口，肥而不腻，瘦而不柴，含有多种营养，老少咸宜，适应南来北往的食客，据说还有扶胃健脾的功效。

平遥碗脱儿在当地方言里叫平遥碗脱子，也是驰名三晋的地方小吃。碗脱儿形如碗口大的圆饼，中间厚，边上薄，柔软细滑，精素不腻，有入口即化的爽口感，十分独特。在山西的晋中和晋北高寒地区，有

平遥碗脱儿

许多地方的餐馆和寻常人家都擅长蒸制类似平遥碗脱儿的一种叫做灌肠的食品，不过都是用荞麦面、韭菜等作为原料。而平遥的做法与别的地方大相径庭。它改用白面制作，去掉韭菜，加入菜籽油、盐水、大料、葱花。制作时，先将白面用温水调成糊状，再按一定的比例加进适量的油、盐、大料和葱花，由稠到稀调匀，盛入5寸小碟内，上笼大约蒸15分钟左右即熟。出笼凉冷后脱碟而成。制成的碗脱儿呈圆形，颜色淡黄，食用时分冷调、热炒两种。若是冷调，可以用刀把碗脱儿切成条状或卷状摆放到盘内，加醋、蒜泥、香油、芝麻酱、大料水、辣椒面等调料，调匀即食，清香、滑润、可口。热炒时先将炒瓢加热，倒入熟猪油或者麻油，油热以后加入葱、蒜，在把切成条状的碗脱儿倒进炒瓢爆炒片刻，随即放入土豆丝和黄豆芽，再加酱油、醋、大料水等调料，炒熟起锅，色泽悦目，香味袭人。

平遥碗脱儿原本是清代庶民日常居家生活的一种蒸食。它之所以名扬三晋，说

来还有一段故事。清光绪年间，平遥城南堡村住着一个小有名气的厨师叫董宣。他对晋中一带蒸制的荞面灌肠在食用原料和佐料上做了一番改进，从中琢磨出了一种新的面品，既可小尝，又可饱食，还可兼作面点、菜肴，而且色、香、味俱佳，不失大雅。就在光绪二十六年（公元1900年），八国联军打进北京，慈禧太后仓皇逃亡西安的途中，路过平遥古城，偶然品尝到了董宣蒸制的碗脱儿，大喜过望，赞不绝口，随即重赏。从此使平遥碗脱儿声名鹊起，在不断推陈出新中成了平遥久盛不衰的地方名吃。

平遥长山药同样是当地的名特产品，堪称古城又一宝。中国最古老的一部典籍《山海经》里有这样的记载："景山，北望少泽，其草多薯蓣（shǔyù）"。这里所说的远古时代的"景山"，就在今天的山西境内，而"薯蓣"则指长山药。山西境内种植长山药具有悠久的历史，而种植数量最多、品质最好的地域首推平遥。至今平遥长山药仍在国内独占鳌头。其中质地最优良的莫过于岳北村产的长山药，以条长、茎粗、皮薄、质细而著称。

长山药本是一种营养丰富的食品，含有人体需要的各种维生素、矿物质和氨基酸，同时也是有着多种功效的中药材。它的根茎可以补肺、益肾、健脾胃，还有助

长山药汁和长山药炒木耳

彩绘描金平遥
古城黑漆屏风

于消渴，补心气，降血压，抗衰老，抗肿瘤。《敦煌遗书》中说，早在唐代人们就食用过一种健身康体的"神仙粥"。这种粥就是用长山药作为主料配置而成。光绪年间，慈禧太后逃亡路过平遥时不止品尝过平遥碗脱儿，也吃了用平遥长山药熬制的粥糊，欣喜之下，竟将平遥长山药收为皇宫御膳。民国时期，平遥长山药已经开始远销到了美国、日本和南洋群岛，时至今日依然畅销国外，被外国人誉为"中国人参"。在国内，人们仍旧十分看重平遥长山药的多种药用功效，保留着有病食长山药治病、无病食长山药保健的习惯。平遥古城大大小小的酒肆餐馆也都必不可少地备有拔丝长山药、长山药炒木耳、长山药糊和长山药饮料。平遥长山药以它内藏的生命力与竞争力，稳居平遥三宝的领先地位，经久不衰。

二、传世工艺和绝代佳作独具匠心

提及平遥传世的民间工艺，人们自然会想到平遥推光漆器、平遥剪纸、平遥绣花鞋垫、绣花枕头、平遥布鞋和平遥布老虎，当然也不会忘记有着"绝代佳作"之誉的平遥纱阁戏人。

平遥推光漆器属于中国四大漆艺之一，以手掌推出工艺器具的漆面光泽而著称于世。在中国工艺美术的珍品宝库里，它的精湛工艺、极致品位和很高的使用

推光漆猫蝶（耄耋）富贵图

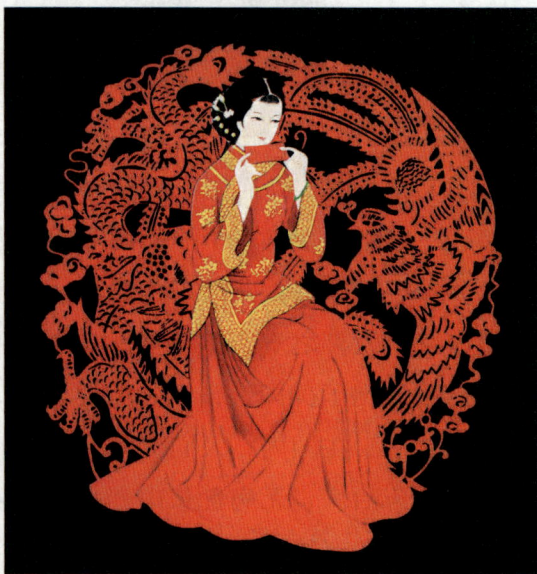

推光漆器龙凤淑女图

观赏价值独秀于林，成为中国漆器一绝。推光漆器源远流长，相传发端于商周，春秋战国时期已见雏形。唐开元年间平遥推光漆器开始具有一定的生产规模和工艺水平，形成了地方特色。明清时期平遥推光漆器发展到了鼎盛，成为山西乃至全国漆器的主要产地。

推光漆器绘制工艺

平遥推光漆器的制作工艺特殊，分为木胎、灰胎、上漆、刻画和镶嵌五道工序，方法复杂、精细。器具的木胎一般选择不易变形的松木或椴（duàn）木，并且首选质地轻、纹理顺、少节疤、可塑性好的椴木加工板材，烘干后使用。灰胎是在按照设计式样加工制作成型的木胎上用白麻缠裹，再抹上一层用猪血调制成的砖灰泥，将灰胎做成平整光滑的底层，保证刷漆后的牢固和光洁。推光漆使用中国特有的大漆，也就是天然生漆作为原料。漆工将生漆刷在灰胎上，经过五至七八次反复刷漆—打磨—再刷漆—再打磨，直到最后漆面出光为止。每刷一道漆之前，都要用水砂纸蘸（zhàn）水擦拭，再用手掌反复推磨，直到手感光滑，再进行下一道刷漆。越是往后，擦拭推磨越是细致。擦拭工具先用粗水砂纸，再用细水砂纸，然后用棉布、丝绢。手掌推磨时先蘸麻油，后蘸豆油，用掌心反复推磨，直到手感发热。每一件平遥推光漆器都要凭借着工艺匠师

的眼力、心细、感觉，推得漆面生辉，光洁照人。有了这样的漆面，才能够在上面刻绘字画或者漆色彩绘。为了增强漆器的立体观赏效果，提升漆器档次和艺术品位，通常还采用堆鼓工艺和三金三彩工艺，在素底描绘出的轮廓中，把专用的腻子一层层堆高，产生层次变化，再在上面贴金彩画；也可交替使用赤金、黄金和银三种金属箔，再用三种原色彩画。制作出的器具色彩绚丽，富丽堂皇。在平遥推光漆器制作过程所创造出的彩绘、堆鼓、三金三彩均属于特种工艺，位居国内前列。平遥推光漆器的最后一道工序是镶嵌。对于特殊需要的器具，要把河蚌壳、螺钿（diàn）、象牙以及彩色石头加工成各种原件，根据图案的要求巧妙地镶嵌在漆面上，用胶粘牢。

工艺匠师在制作平遥推光漆器时，综合运用多种装饰工艺，借助彩绘描金、堆鼓彩画、三金三彩、镶嵌等表现力，制作成的器具古朴典雅，千姿百态，包括各种大小和类型的桌、凳、床、柜、几案、屏风、挂屏等家具和各式盘、碟、瓶、盒、碗、壶、杯等。例如百寿图黑漆屏风、百子嬉戏黑漆屏风、彩绘描金平遥古城黑漆屏风、松鹤延年黑漆挂屏、贝壳镶嵌仕女图四扇屏、蝙蝠勾莲柿形雕填漆盒、彩绘描金山水人物纹漆盒、彩绘云龙纹漆盒、富贵牡丹黑漆盒、祝寿图绿地剔红盒等等。这些推光漆器多取材于民间生活，表现内容大都是中国传世的山水、花鸟、人物字画与吉祥图纹，均为平遥推光漆器中的艺术精品。从明清两代已经开始出口英、俄和东南亚地区，一直延续至今，在欧、美、非洲也都可以看到平遥推光漆器。如今在中国工艺美术馆收藏着国内三件精美漆器，其中有两件就是平遥推光漆器作品。

剪纸是中国的古老民间艺术。平遥很早就有剪纸的传统，世代相传，以至清末民初时多数剪纸工艺出自百姓之家。从闺房少女到七旬老妇，大凡做得了针线

民间剪纸艺人李玲荣

剪纸宝黛图

剪纸百寿图

剪纸百福图

活儿的女人都能凭借一把剪刀剪刻出精致的窗花。剪纸陪伴着平遥的庶民百姓，成了居家过日子不可分割的一部分。住房要贴窗花、墙花、顶棚花，岁时节令要贴灯笼花，赶上正月初一到十五或操办婚姻大事，还要剪出福字、囍字，贴上柿子、如意、牡丹、佛手、莲花、桂花、笙等全窗花。剪纸的题材大都是动物、草木、花卉、鱼虫和飞禽走兽，也不乏历史故事与戏曲人物。她们运用谐音、象征的手法，创作出喜闻乐见而又寓意深刻的剪纸艺术，用"喜鹊登梅"、"四柿如意"、十二生肖图和大自然的鱼虫花卉表达对生活的热爱；用"吉祥如意"、"喜气临门"、"连年有鱼"、"长命百岁"表达对平安幸福的憧憬；用"刘海戏金蟾"、"凤凰戏牡丹"表达对真挚爱情的追求；用"百年好合"、"鸳鸯戏水"、"莲开并蒂花"、"麒麟送子"、"龙凤呈祥"表达对美满婚姻的企盼，寄托自己的心声。还推陈出新，创作了"金陵十二钗"等《红楼梦》人物和场景。白底红花，剪刻精细，式样繁多，意

趣横生，富有文化韵味，洋溢着平遥浓浓的民俗风情。这些心灵手巧的民间妇女用她们对生活的细腻体察和对幸福的理解想象，装点出大千世界，净化着人们的心灵，一直传承到现在，平遥剪纸依然是那样兴盛。人们在不经意间还会看到豆蔻少女围坐在耄耋（màodié）老人身边学习剪刻大红的囍字团花和窗花、墙花。

　　平遥绣花鞋垫、绣花六合泰枕头和平遥布鞋也都是知名度很高的传统工艺品。与平遥剪纸不同的是，这些具有当地文化特色的民间工艺用纯棉布打底，靠精巧的创意构思和飞针走线的手工刺绣缝制而成。鞋垫的式样主要采用传统的十字锈，取材也如剪纸那样，一般都是花草鱼虫、飞禽瑞兽，融入了民间的文化艺术，象征着爱情与幸福，风格古朴粗犷，花色艳丽。按照中国的乡土民俗，女子常把自己亲手刺绣的鞋垫当成定情之物送给心上的男子，暗示永远跟他走遍天涯的心迹。绣花六合泰枕头和布老虎同样采用一针一线绣出吉祥如意的图案，装饰、美化着起居环境和生活。平遥布鞋采用的是千层鞋底，和绣花鞋垫一样，最大的好处就

平遥绣花鞋垫

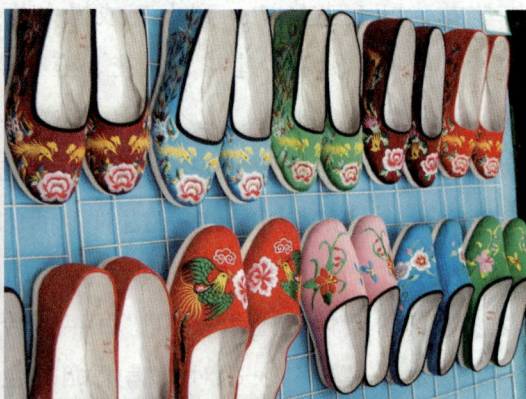

平遥绣花鞋

纱阁戏人《金台鉴》

纱阁戏人《南阳关》

是透气、吸汗性强，穿着柔软舒适，可以促进和改善足部的血液循环，适应周围的环境，而且缝制刺绣精致，争奇斗妍，令人脚底生辉，有很高的收藏价值与观赏价值。

人们固然在其他地域对于各种不同风格的漆器、剪纸、绣花鞋垫、绣花枕头、布鞋和布老虎早已屡见不鲜，不过平遥的民间工艺毕竟属于汉民族中原文化的一支，代表着黄土地上的晋商文化。至于说到纱阁戏人，更是国内独创，成为现存中国民间工艺珍品的孤例。

纱阁戏人，顾名思义，是把戏曲人物的艺术造型放置在纱阁里展示观赏的特殊工艺。它的特点是取材于传统戏剧，利用碧纱罩遮盖的纱阁作为小小的舞台，抓住戏剧的精彩片段塑造人物，制作场景，使每一纱阁表现的剧情主题突出，情景交融，做到一阁一折戏，一戏一春秋。《八义图》、《鸿门宴》、《战洛阳》、《南阳关》、

《金台鉴》、《大进宫》、《碧玉环》、《断桥》、《斩黄袍》、《司马庄胭脂计》、《岳飞北征》等，都是当年平遥纱阁戏人的珍品。

明清时期西洋的摄影技术尚未进入国门，纱阁戏人擅长捕捉戏剧演出的细微变化，把戏剧人物一招一式的动作和神态定格在瞬间，真实形象地记录了戏剧舞台艺术，吸引了广大观众，给人们留下了无尽的遐想神思。因此这一民间工艺绝活流行于晋中一带，与盛行的晋剧艺术相得益彰。据史料记载，清光绪三十二年（公元1906年），平遥城内开着一个"六合斋"字号的纸活儿铺，纸活儿铺的老艺人许立廷远近闻名。他曾领着几个纸活儿艺人专门为古城的金井市楼制作了36阁戏人。纱阁高0.7米，戏人的高度在0.5米左右。戏人装束逼真，道具简洁精剔，造型优美，面目传神，引人入胜。每逢新春佳节和元宵社火到来，纱阁戏人都会陈列在市楼下街道两侧，供来往游人观赏。倘若有缘驻足静观，不知不觉间便会发现眼前戏人姗然起舞，耳旁琴弦鼓乐齐鸣。然而遗憾的是，这一民间工艺今已失传，唯余28阁，成了平遥纱阁戏人的绝唱。

三、散发乡土芬芳的民间戏剧曲艺

明清时期的平遥古城是一个商贸金融大舞台，也是一个文化艺术大舞台。可以说，是晋商的崛起带来了平遥文化的繁荣。自从清道光年间日升昌票号问世，平遥古城的商业经济空前活跃，以金融汇兑业为主的商家字号如雨后春笋竞相脱颖而出，平遥商号遍布全国各地。为了酬宾和生意需要，也为了宣扬商家店铺字号的名气，他们每到重要商埠码头，都要捐款修建颇具规模的山西会馆或者山陕会

晋剧《尹吉甫伐猃狁》剧照

馆，会馆内一般都建有关帝庙和戏台。晋商云集会馆，凭借这样的平台和时令庙会接待南来北往的客商，洽谈商业贸易，进行文化交流。不仅如此，生意兴隆、日进千金的商贾巨富也需要消遣娱乐。平遥作为晋商最大的大本营，更是如此。巨商大贾们慷慨解囊，还在平遥城内大建戏台，组成戏班，花钱从邻近的祁县、交城、孝义请来名角艺人，同时资助地方戏曲、曲艺、皮影与木偶戏表演。

在道光至咸丰的二十多年里，从山西南路梆子演变过来的中路梆子活跃在太原和晋中地区一带。平遥古城商贸兴隆，各路人才荟萃，自然是地方戏曲的主要舞台。城里的一些商贾巨富纷纷委派专人，或者干脆和他们的子弟直接承办起了戏曲班社，也使古城的戏曲文艺一下子变得红红火火。

平遥籍晋剧名家程玉英　　　　出身于平遥梨园世家的晋剧名角赵文丽

　　自古以来，山西由于山脉的纵横分隔，形成了晋中、晋南、晋东南与晋北、忻定五大盆地。在车马步履交通的过去，往来不便，地域封闭，各自形成了具有当地特色的方言和风俗习惯。元代时山西的戏曲活动遍及县、乡都、村社。到了明清时期，山西因地域文化的差别，产生于五大盆地的戏曲因各自行腔特色与唱、念、做、打表演风格的不同，分成了四大梆子戏，这就是晋南蒲州府一带的南路梆子、晋中太原府一带的中路梆子、晋东南潞安府一带的上党梆子、晋北大同府与朔平府一带的北路梆子。中路梆子源于蒲州的南路梆子，经晋商和当地文人参与，融合了晋中当地文化，与祁太秧歌、晋中民间曲调相结合，渐渐形成了行腔高亢激越、旋律婉转流畅与圆润、曲调优美亲切、念白字正清晰的艺术特色，深深扎根在省内外广大观众的心中，成了三晋文化和山西地方戏最具代表性的剧种，晋剧由此而来。平遥作为孕育晋剧的摇篮，在晋中太原府一带产生了很大影响。

　　到了光绪年间，平遥已经成了班社林立、艺人荟萃的晋剧大县。在这座弹丸小城内，居然成立了二三十个演出晋剧的戏班：协同班、春和园、昌盛园、永福社班、众义园、永梨园、丰仙园、同春园、祝庆园、天乐园、双盛园、祝丰园、同梨园、金仁园、伍梨园等，不一而足。上演的剧目有《日月图》、《富贵图》、《春秋配》、《打金枝》、《和氏璧》、《盗墓》、《长坂坡》、《清风亭》、《莲花庵》、《琥珀珠》、《拾玉镯》、《祥麟镜》、《宁武关》、《嫁妹》，如此种种，不计其数。平遥晋剧发展过程中艺人名家辈出。山西著名晋剧艺术家程玉英便是平遥戏曲名家的杰出代表。

　　流行在山西中部的秧歌又称晋中秧歌。因为它盛行于祁县、太谷，所以也称祁太秧歌。晋剧演变的过程就曾吸收融入了祁太秧歌的基因和血脉。现在平遥古城逢年过节举办民间社火或者寻常典礼喜庆，仍旧离不开祁太秧歌助兴。方言快

高跷

吹唢呐

板、莲花落等曲艺也是民俗活动必不可少的表演内容。

　　平遥的皮影与木偶戏也是具有地方特色的戏剧曲艺。皮影在当地俗称"灯影儿"。皮影戏早年也曾活跃在平遥，后来渐渐失传，被吕梁地区的孝义皮影取代。但是至今逢年过节闹社火，皮影戏依然受到平遥人的垂爱。它的表演只需要占用很小一块场地，悬挂或支撑起白色的薄纱帷幕，由躲在幕后的演员操纵用驴皮刻制成的戏剧人、兽、兵器、场景等舞台道具，配着鼓点、音乐，边演绎各种剧情和动作，边用当地方言说唱，同时通过灯光映照将形象动作投影在薄纱帷幕上，从而获得演出效果。皮影表现的内容主要取材于民间故事、神话传说。台词诙谐幽默，乡土气息浓郁，具有鲜明的世俗化与大众化艺术风格。每逢庙会期间，小小舞台前总是人山人海，人头攒动。戏班艺人常常白天"走明场"，演出晋剧折子戏，晚上接着演皮影。到现在，平遥古城里还保留着少量的小型戏台。平遥木偶戏在国内许多地方被称

舞龙舞狮社火场景

做傀儡戏。当地又把它叫木疙瘩。由演员操纵木偶，配合唱腔和伴奏进行表演。因木偶戏与皮影戏有共同特点，故而常与皮影搭档演出。戏班每到一处，白天演木偶戏，夜晚演皮影。皮影和木偶戏给平遥古城增添了不少韵味与欢乐。

四、维系百姓繁衍生息的民间风俗

民间风俗是一个民族，一个地域生产、生活约定俗成的行为规矩，包含人们的农耕商贸、衣食住行、岁时节令、游乐百戏、婚丧嫁娶、交际礼仪、信仰禁忌、习尚风气等各种行为，维系着百姓人家的生息与依存。平遥的民间风俗是中原地区汉族民俗的重要组成部分。从传承至今的平遥民俗，可以了解这一地区汉民族古老文明的生活轨迹。

在平遥古城，人们不难发现当地衣食住行依然保留着许多代代相传下来的起居习俗。如今居住在城内外的城乡居民衣着穿戴虽然比较时尚，不过夏天时仍旧能够见到头顶白毛巾的农民的身影。男子或光头，或留小平头，还是喜欢头上扎条毛巾，老年人大多用一条毛巾包头，把结打在脑袋后面。而年轻人则喜欢用三四条毛巾拧在一起，挽成圆圈，俗称"立楞子"。不管是城里人，还是乡下人，婴幼儿的头上都戴狮、虎、狗式样的动物帽，在胸前挂上象征着吉祥长命的挂件佩饰。平时为了行走舒适轻便，多数男女老少愿意穿棉线袜，不少人仍穿衬有绣花鞋垫的布鞋。遇上自己的"本命年"，一般都要系上一条红布腰带。

平遥人的饮食习惯非常传统，极善粗粮细做，细粮精做。这是因为他们祖祖辈辈生息繁衍在黄土高原，除了少量小麦，主要靠吃小米、玉米、高粱、豆类、薯

莜面栲栳

类、莜麦、荞麦等五谷杂粮为生。然而经过一代又一代与大自然的磨合适应，特别是明清时期繁荣昌盛的商贸经济带来了饮食文化交流，不但商家，就是生活稍微殷实一点的人家，也对饮食的花色、品位有了更高的要求。于是在取长补短中，饭菜十分讲究烹饪技术，尤其在面食和杂粮的制作上见长。在家庭主要面食里，便分煮、蒸、炉、炸四种做法。仅煮食就可以做出二十多样，例如白面或高粱面的擦圪蚪、高粱面加豆面的抿圪蚪、掐疙瘩、擀面、搓鱼鱼、切板板、饸饹、剔尖、蘸片子、饺子、焖面、刀削面、刀拨面、绿豆面溜溜尖、玉米面煮疙瘩、高粱面糊糊等。蒸食不只有馍馍、花卷、包子、窝窝头，还有高粱面的石窝窝、玉米面的和儿、莜面栲栳（kaolǎo)和荞面灌肠。炉烤干面饼子、肉火烧、烙饼、煎饼、石头干饼、玉米面和煎，也都是平遥饮食中的特色面点。至于油炸面食，既有白面的油条、麻花，也有黄米面的炸油糕。在平遥古城的居家菜肴做法中，炒、爆、烩、炸、溜、卤、酱、拌样样俱全。每当喜庆宴席，必然拿出上好的酒水，家族或亲朋好友依旧遵照老规矩区别辈分、长幼和宾客身份，按顺序入座。一般酒席设九碗九碟，菜肴丰盛者，可以安排当地所谓"四四"、"八八"、"八八一领二"、"八八一领四"的高档酒席。

平遥古城的人家无论居住还是出行，也都有一套当地传统的风俗习惯。直到现在，独门独户住在古城民居院落的家庭,照旧维系着原来的建筑布局和千古不变的起居秩序,长辈住正房，晚辈住厢房。即使住在大杂院，也有不少人家讲究风水，供奉土地和门神。新春佳节或家有喜事各家都要挂上红灯笼，贴上对联、门神、窗花，鸣放爆竹，图的是个吉利。翻修房子时必定择日开工，先拜土地神，并高挑红旗以镇邪。房屋合顶要贴对联，放鞭炮，喝喜酒，宴请建筑工匠。如果迁往新居，先要杀只银红公鸡"镇宅"，再搬瓶子、案板、筷子、蜡烛以及发面，最后搬其他家具器物，目的在于企盼阖家"平平安安"、"快快乐乐"和"发福"。古城人家历来崇尚礼仪，尊老护幼，礼貌待人，邻里之间，相敬如宾。出远门多选吉祥之日，问路下车，止步，不分对方长幼，和气求助路人。

中国汉民族有自己特殊的历法，一年四季岁时节令不断，每个节日都有深刻的历史文

魅力平遥

划旱船和背棍表演

化内涵。这些农历节日骨子里蕴含着中华民族的精髓，也给中华民族带来了坚定不移的凝聚力。平遥百姓人家作为中华民族的一员，每年周而复始，从正月初一欢欢喜喜过大年开始，正月初五破五，送穷日，正月初八祭星君，正月初十庆鼠婚，正月十五闹元宵，正月二十、二十五供添仓，二月二龙抬头郊游祭龙神，清明节回乡扫墓祭祖，五月初五端午节时纪念屈原，八月十五中秋节阖家欢聚庆团圆，九月初九重阳节敬天地尊老人，十月一"鬼节送寒衣"，冬至节尊医圣吃饺子，腊月初一爆米花祛百病，腊月初八释迦牟尼成道日品尝腊八粥，腊月二十三祭灶王进入小年，直到腊月三十除夕夜爆竹声中辞旧岁。接踵而来的岁时节令使民间生活变得丰富多彩，喜庆连连，在这座古城始终不渝地坚守着中原地区汉族民俗的传统。

在所有这些岁时节令里，最热闹喜庆的要算是元宵节的民间社火了，世代相传从不间断。所谓社火就是百姓人家结社闹红火。如果说在春节过大年期间，从初一到初十主要是在家族内部团聚庆贺，以及和亲戚朋友之间互致问候，那么在正月十五元宵节这一天结社闹红火，则是一年之初首次走上社会的大型娱乐交谊活动。社火在山西各地都能见到，只是民俗习惯和娱乐形式不同罢了。平遥的元宵节由城关镇和城关外的乡村组织各式各样红火，诸如舞龙、耍狮、踩高跷、抬阁、背棍、跑驴、划旱船等等，从镇、乡、村里集中出发，来到人气最旺的古城街头轮番表演，最后都要通过传统商业的南大街，在金井市楼前尽情展现才艺。这时总是人山人海，挤得水泄不通。人群中最醒目的自然是鹤立鸡群般的高跷和背棍。高跷上的表演者都身穿戏装，有扮相俊俏的小媳妇，也有扮相丑陋的猪八戒，还有扭捏作态的媒婆，使人忍俊不禁，开怀大笑。而背棍上面身着戏装的幼童透着一脸的稚气，随着震耳欲聋的钹（bó）声和鼓乐甩动着水袖，博得满街喝彩。南大街上一字排开四五十架高跷、背棍，加上川流不息的舞龙、耍狮、跑驴及划旱船表演，让古城的父老乡亲尽情欢乐，带着无比愉悦的心情，迎接新一年的春耕、春种、夏管与秋收……

男大当婚，女大当嫁，是中华民族赖以生息发展的自然法则和社会规律。明清时期，平遥也如北方其他地区的汉民族一样，都把婚嫁当成人生大事，尊奉着隆重的礼仪。

在那个时代，子女长大成人以后，择偶都由父母当家做主，媒妁（shuò）在两家中间沟通传话，讲究门当户对和男女生辰八字。通常男方家里还要经过纳采、问名、纳吉、纳征、请期和迎亲"六礼"繁琐程序，给女方家送上一些绸缎、布料、衣服或者银两、食盒作为求婚的财礼，只有双方父母同意，男方才能选择良辰吉日迎娶新娘进门。这是新郎新娘一生中最隆重、最光彩照人的大喜日子。新郎新娘都要在各自家里"上头"、"开脸"，举行沐浴更衣仪式。新郎官身穿长袍马褂，头戴礼帽，胸前佩戴大红花。新娘头戴凤冠，并用红色方巾盖头，上身内穿红绢衫，外

套绣花红袍，肩披霞帔（pèi），下身着红裙、红裤、红缎绣花鞋。

按汉族风俗，迎娶新娘的最佳时辰是在黄昏，据说是因黄昏时分迎亲娶妻才称之为"婚姻"。唐代孔颖达也曾这样说："娶妻之礼以昏为期，因名焉"。婿于昏时娶妇，妇因婿迎而来，这才有了"婚姻"之说。平遥县黄昏迎娶的风俗就这样传了下来。这一天新郎要以羊羔美酒为仪礼，抬着花轿去新娘家迎亲。轿夫一色红衣，戴大帽。迎亲的有2对或4对骑马仪仗，手持"肃静"、"回避"牌与木制兵器，还有男女"娶客"各2人和数量不等的吹鼓手，一路上打着彩旗，鼓乐齐奏，鞭炮齐鸣，浩浩荡荡，好不风光。如今婚姻自主，男女自由恋爱，早已不再恪守那套古代繁琐的仪礼，但是在平遥，仍旧保留着定亲送礼、黄昏迎娶、闹洞房的习惯，甚至走在古城街头，也还时常碰见吹吹打打抬着花轿迎亲的喜庆情景。

平遥人习惯于将婚丧嫁娶称做"红白喜事"。这里料理丧葬白事同样反映出中原地区汉族的民间风俗。古代有钱人家操办丧葬挥金如土，仪礼非常繁琐复杂，即使寻常人家也都讲究停尸、报丧、入殓、烧纸、出殡、圆墓、过七的丧葬程序。时兴三、五天烧纸，五、七、九天出殡。起灵抬柩分为十六抬、二十四抬或者三十二抬，每抬为一人。出殡要有送殡亲眷，头戴孝帽，身着孝衣，由鼓乐相随，送到坟前。现在虽然经过了丧葬制度改革，丧事简化，大多数旧风陋俗已被革除，不过一般程序依然延续着旧习。偶尔在平遥古城内还是可以遇到出殡的场景：前呼后拥，纸钱冥币飘飘洒洒，在悲恸天地的哭泣和鼓乐声中，送殡的队伍手持纸扎的金山、银山、金桥、银桥、聚宝盆、金童玉女，簇拥着装饰考究的十六抬灵柩，从面前缓缓经过，穿过几条街巷，往城外的坟地走去。此时，在古城传统历史风貌的大背景里，眼前的一切都变成了活的化石，让人情不自禁地想到了平遥的过去，想到了平遥古城邈远的历史……

主要参考文献

平遥县地方志编纂委员会编. 平遥县志. 北京：中华书局，1999

晋中市史志研究院编. 平遥古城志. 北京：中华书局，2002

杨宽. 西周史. 上海：上海人民出版社，1999

陈宝良. 明代社会生活史. 北京：中国社会科学出版社，2004

王尔敏. 明清时代庶民文化生活. 长沙：岳麓书社，2002

刘泽民主编. 山西通史. 太原：山西人民出版社，2001

傅熹年主编. 中国古代建筑史. 第二卷. 北京：中国建筑工业出版社，2001

孙大章主编. 中国古代建筑史. 第五卷. 北京：中国建筑工业出版社，2002

郑孝燮. 留住我国建筑文化的记忆. 北京：中国建筑工业出版社，2007

张驭寰. 中国城池史. 北京：百花文艺出版社，2003

王其钧，谢燕. 宗教建筑. 北京：中国水利水电出版社，2005

张正明，邓泉. 平遥票号商. 太原：山西教育出版社，1997

曹昌智，曹瑄. 我国最早的票号建筑——平遥日升昌. 北京：中国建筑工业出版社，1996

曹昌智主编. 中国建筑艺术全集（12）佛教建筑（一）（北方）. 北京：中国建筑工业出版社，2000

黄鉴晖. 晋商经营之道. 太原：山西经济出版社，2002

董培良. 平遥城隍庙. 太原：山西经济出版社，2001

王建忠主编. 日升昌票号文化解密. 太原：山西古籍出版社，2007